Alexandra Prochnow

Jetzt entscheide ich! –
Mehr Selbstbestimmung durch das Persönliche Budget für Menschen mit kognitiver Beeinträchtigung

Alexandra Prochnow

Jetzt entscheide ich! –
Mehr Selbstbestimmung durch das Persönliche Budget für Menschen mit kognitiver Beeinträchtigung

GESELLSCHAFTSWISSENSCHAFTEN

Alexandra Prochnow

Jetzt entscheide ich! – Mehr Selbstbestimmung durch das Persönliche Budget für Menschen mit kognitiver Beeinträchtigung

1. Auflage 2009 | ISBN: 978-3-86815-219-7

© IGEL Verlag GmbH , 2009. Alle Rechte vorbehalten.

Die Deutsche Bibliothek verzeichnet diesen Titel in der Deutschen Nationalbibliografie. Bibliografische Daten sind unter http://dnb.ddb.de verfügbar.

> Dieses Fachbuch wurde nach bestem Wissen und mit größtmöglicher Sorgfalt erstellt. Im Hinblick auf das Produkthaftungsgesetz weisen Autoren und Verlag darauf hin, dass inhaltliche Fehler und Änderungen nach Drucklegung dennoch nicht auszuschließen sind. Aus diesem Grund übernehmen Verlag und Autoren keine Haftung und Gewährleistung. Alle Angaben erfolgen ohne Gewähr.

Inhaltsverzeichnis

Abkürzungsverzeichnis 7

1   Einleitung 8

2   Phänomen der Behinderung 10
2.1   Definition von Behinderung 11
2.2   Zur Personengruppe der Menschen mit kognitiver Beeinträchtigung 13
2.3   Menschenbilder in der Sonderpädagogik 16

3   Behindertenhilfe im 20. und 21. Jahrhundert 20
3.1   Zur Behindertenhilfe zwischen 1945 und 1980 20
3.1.1   Das Konzept der praktischen Bildbarkeit *21*
3.1.2   Normalisierungsprinzip *21*
3.2   Selbstbestimmt Leben 23
3.2.1   Die Independent-Living-Bewegung *23*
3.2.2   Empowerment als Methode zur Umsetzung des Selbstbestimmt Leben Konzeptes? *26*

4   Autonomie und Selbstbestimmung 29
4.1   Der Mensch als autonomes System und die Funktion der Umwelt 30
4.2   Zum Autonomiebegriff der Aufklärung 32
4.3   Selbstbestimmung 33
4.3.1   Definition von Selbstbestimmung *33*
4.3.2   Selbstständigkeit als Voraussetzung für eine selbstbestimmte Lebensführung? *34*
4.3.3   Selbstbestimmung aus der Sicht der Betroffenen *35*
4.4   Zur sozialen Abhängigkeit von Menschen mit kognitiver Beeinträchtigung .. 37
4.4.1   Praxisbeispiele *39*
4.4.2   Die Rolle des professionellen Helfers *42*

5   Das Persönliche Budget 45
5.1   Zu den Rechtsverhältnissen: Sozialrechtliches Leistungsdreieck vs. Persönliches Budget 46
5.2   Der Rechtsrahmen des Persönlichen Budgets 50
5.2.1   Voraussetzungen *50*
5.2.2   Die beteiligten Leistungsträger *51*
5.2.3   Das Verfahren *52*
5.3   Die Ziele des Persönlichen Budgets 55
5.4   Ergebnisse der Erprobung und der wissenschaftlichen Begleitforschung 57
5.5   Gleiche Chancen auf ein Persönliches Budget für alle Leistungsberechtigten? ... 59
5.6   Erfahrungsbericht eines Berufsbetreuers 62
5.7   Bildung und Öffentlichkeitsarbeit 65

6   Zu den Selbstbestimmungsmöglichkeiten der Menschen mit kognitiver Beeinträchtigung im Bereich der Freizeitgestaltung: Traditionelles Hilfesystem vs. Persönliches Budget 67
6.1   Anmerkungen zu den ausgewählten Untersuchungen 68

6.2 Zur Freizeitgestaltung von Menschen mit kognitiver Beeinträchtigung nach dem Sachleistungsprinzip...71
6.3 Zur Freizeitgestaltung von Menschen mit kognitiver Beeinträchtigung im Persönlichen Budget...74
6.4 Zu den Unterschieden in der Freizeitgestaltung von Menschen mit kognitiver Beeinträchtigung im traditionellen Hilfesystem und im Persönlichen Budget........77

7 Schlussbetrachtung...**80**

Abbildungsverzeichnis..**85**
Tabellenverzeichnis...**86**
Literaturverzeichnis..**87**

Anhang..**93**

Abkürzungsverzeichnis

AGG	Allgemeines Gleichbehandlungsgesetz
BGB	Bürgerliches Gesetzbuch
BMAS	Bundesministerium für Arbeit und Soziales
BN	Budgetnehmer
BudgetV	Budgetverordnung
BSHG	Bundessozialhilfegesetz
CIL	Center for Independent Living
DIMIDI	Deutsches Institut für Medizinische Dokumentation und Information
e. V.	eingetragener Verein
GG	Grundgesetz
GM	German Modification
HeimG	Heimgesetz
ICD-10	International Statistical Classification of Diseases and Related Health Problems
ICF	International Classification of Functioning, Disability and Health
PB	Persönliches Budget
PerLe	Personenbezogene Unterstützung und Lebensqualität
SchwbG	Schwerbehindertengesetz
SGB	Sozialgesetzbuch
TPB	Trägerübergreifendes Persönliches Budget
WHO	Weltgesundheitsorganisation
WfbM	Werkstatt für behinderte Menschen
WVO	Werkstattverordnung

1 Einleitung

Betrachtet man die Geschichte der Heil- und Sonderpädagogik, lassen sich die Entwicklungen des vergangenen Jahrzehnts in der Bundesrepublik Deutschland als besonders bedeutend für Menschen mit Behinderungen bezeichnen. Es vollzieht sich ein Wandel in der Behindertenhilfe weg von der Versorgungsmentalität hin zu einer selbstbestimmten Lebensführung und der Stärkung der Selbstbestimmungsrechte von Menschen mit Behinderungen. Diese veränderte Sichtweise hat ihren Ursprung in der amerikanischen Independent-Living-Bewegung, einer Bürgerrechtsbewegung von Menschen mit Behinderungen, die in Deutschland unter dem Leitgedanken „Selbstbestimmt Leben" bekannt ist, und kommt gegenwärtig insbesondere in emanzipatorischen und subjektorientierten Leitsätzen wie z. B. „Ich weiß doch selbst, was ich will!", „Ich bin jetzt Chef!" oder „Jetzt entscheide ich selbst!" zum Ausdruck (vgl. LEBENSHILFE 1996; NUßBICKER 2007; BUNDESMINISTERIUM FÜR ARBEIT UND SOZIALES 2008a).

Auf sozialrechtlicher Ebene wurde mit dem zum 01.07.2001 eingeführten Sozialgesetzbuch IX, „Rehabilitation und Teilhabe behinderter Menschen", die Grundlage für diesen Paradigmenwechsel geschaffen. Der hier verankerte § 17 SGB IX „Ausführung von Leistungen, Persönliches Budget" kommt den Forderungen nach mehr Freiheit und Selbstbestimmung in hohem Maße nach. Bei dem Persönlichen Budget handelt es sich um eine neue Art der Leistungsform für Menschen mit Behinderung, auf die seit dem 01.01.2008 ein Rechtsanspruch besteht. Während das herkömmliche und parallel bestehen bleibende Sachleistungsprinzip eine Mitbestimmung und Steuerung durch den Leistungsempfänger kaum ermöglicht, gestaltet sich die Beziehung zwischen Leistungsträger, Leistungserbringer und Leistungsberechtigtem im Persönlichen Budget völlig neu und anders. Hier steht der Leistungsempfänger im Zentrum, dadurch verändert sich seine Rolle vom passiven Leistungsempfänger zum aktiven Kunden.

Die vorliegende Arbeit befasst sich mit dem Thema „Mehr Selbstbestimmung für Menschen mit kognitiver Beeinträchtigung durch das Persönliche Budget". Dabei wird die vorherrschende und unter anderem vom Bundesministerium für Arbeit und Soziales vertretene Auffassung, dass das Persönliche Budget mehr Selbstbestimmung und Selbstständigkeit ermöglicht (BMAS 2008a), diskutiert. Der Schwerpunkt wird auf die Personengruppe der Menschen mit kognitiver Beeinträchtigung (so genannter geistiger Behinderung; vgl. Kapitel 2.2) im vollstationären Bereich gelegt.

Das Phänomen der Behinderung wird anhand des bio-psycho-sozialen Modells der Weltgesundheitsorganisation definiert. Es folgen nähere Erläuterungen zur Personengruppe der Menschen mit kognitiver Beeinträchtigung, wobei auch auf die Schwierigkeit einer einheitlichen Begriffsbildung eingegangen wird. Anschließend werden verschiedene Menschenbilder in der Sonderpädagogik skizziert, da diese die Grundlage anthropologischer Leitgedanken der pädagogischen Arbeit und damit maßgeblich für das Tun und Wollen der professionellen Helfer sind.

2　Phänomen der Behinderung

Da der Begriff der Behinderung ein Sammelbegriff ist und es keine allgemein anerkannte Definition gibt, sollen zunächst das dieser Arbeit zugrunde gelegte Verständnis und die hier verwendeten Begriffe erläutert werden (vgl. RONGE, SCHÄFER 1997, S. 114; MÜLLER-TEUSLER 2000, S. 74; MUTZECK 2000, S. 607).

Eine heute übliche Beschreibung der Behinderung, ist die umschreibende Darstellung (MÜLLER-TEUSLER 2000, S. 74). So kommt es zur folgenden Erklärung:

> „Jede körperliche, geistige oder seelische Veränderung die nicht nur vorübergehend zu Einschränkungen und durch sie zu sozialen Beeinträchtigungen führt, gilt als Behinderung. Dabei ist es unerheblich, ob die Behinderung auf Krankheit oder Unfall beruht, oder ob sie angeboren ist. Es kommt allein auf die Tatsache der Behinderung an."
> (BUNDESMINISTERIUM FÜR GESUNDHEIT UND SOZIALE SICHERUNG 2004, S. 8)

Im ersten Teil dieses Kapitels wird deshalb zunächst die Definition von Behinderung nach dem bio-psycho-sozialen Modell der Weltgesundheitsorganisation erläutert. Dann erfolgt die Unterteilung des Phänomens in die Bereiche der körperlichen, geistigen und psychischen Beeinträchtigung. Im Zentrum der vorliegenden Arbeit stehen Menschen mit einer kognitiven Beeinträchtigung (geistigen Behinderung). Da die Sonderpädagogik, die Rechtswissenschaft und die Soziologie an der hier geführten Diskussion beteiligt sind[1], soll die jeweilige begriffliche Auseinandersetzung mit dem Phänomen der Behinderung kurz dargestellt werden. Da die Frage, ob und wann ein Mensch kognitiv beeinträchtigt ist, in der Praxis über die medizinische Klassifikation beantwortet wird, soll auch diese näher erläutert werden.

Abschließend erfolgt die Beschreibung von Menschenbildern. Hier wird anhand der Arbeit HAEBERLINS ein Menschenbild für die Sonder-

---

[1] Die Sonderpädagogik gilt als Hauptwissenschaft für die Personengruppe der Menschen mit Behinderung (vgl. Kapitel 2, 3 und 4). Dazu kommt das Persönliche Budget als eine sozialrechtliche Leistungsform (vgl. Kapitel 5). Die Soziologie erfasst mit ihrer empirischen Sozialforschung bzw. dem Konzept der „Zielperspektive Lebensqualität" den Aspekt der Selbstbestimmung (vgl. Kapitel 6).

pädagogik entwickelt und die in der Praxis vorherrschenden Menschenbilder dargestellt.

2.1 Definition von Behinderung

Die Weltgesundheitsorganisation (WHO) gibt in ihrer im Jahr 2001 veröffentlichten „Internationalen Klassifikation der Funktionsfähigkeit, Behinderung und Gesundheit" (International Classification of Functioning, Disability and Health, ICF), eine zeitgemäße Definition von Behinderung. Die Abkehr von „defizitorientierten Ansätzen hin zu einem kompetenzorientierten und ökologischen Verständnis", drückt einen internationalen Wandel der Sichtweise von Behinderung aus und versteht sie als einen relativen Umstand (WACKER et al. 2005b, S. 10).

Das bio-psycho-soziale Modell der ICF (Siehe Abbildung 1) beschreibt Behinderung als einen Oberbegriff für Schädigungen und Beeinträchtigungen, welche sich aus den wechselseitigen Beziehungen zwischen den drei Ebenen der Körperstrukturen/-funktionen, Aktivitäten und Partizipation entwickeln. Mit Körperstrukturen sind die anatomischen Körperteile wie Organe und Gliedmaßen gemeint. Körperfunktionen sind z.B. die Wahrnehmung, die Sprache, der Stoffwechsel etc. Aktivitäten bezeichnen hier die Durchführung von Aufgaben oder Handlungen, wie z.B. Lernen oder Kommunikation. Unter Partizipation wird in diesem Zusammenhang die gesellschaftliche Teilhabe verstanden, d.h. das Einbezogensein in verschiedene Lebensbereiche wie soziale Beziehungen, Mobilität, Arbeit und Beschäftigung, Bildung und Rechte (WANSING 2006, S. 79 f.).

Diese Gebiete beeinflussen einander und stehen in Abhängigkeit von den sogenannten „Kontextfaktoren". Kontextfaktoren bezeichnen den gesamten Lebenshintergrund eines Menschen, der sich aus Umweltfaktoren und persönlichen Faktoren zusammensetzt. Zu den Umweltfaktoren zählen z.B. die wirtschaftliche Situation, Bildungsmöglichkeiten, soziale Beziehungen sowie verschiedene Formen der Unterstützung. Zu den persönlichen Faktoren gehören das Alter, das Geschlecht, individuelle Bewältigungsstrategien wie auch der Lebensstil (ebd.).

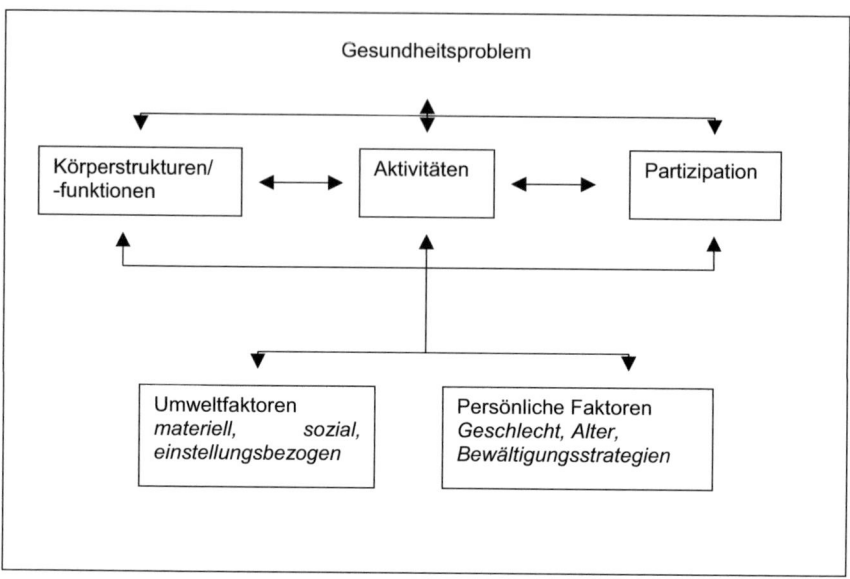

Abbildung 1: Das bio-psycho-soziale Modell von Behinderung der ICF (Abbildung entnommen aus WACKER et al. 2005b, S. 10)

Behinderung ist folglich das Ergebnis ungünstiger Wechselwirkungen zwischen dem Individuum, seinem Gesundheitsproblem und den Umweltfaktoren. Entsprechend entsteht eine Behinderung bei mangelnder Anpassung des Individuums an die Umweltfaktoren und auch andersherum. WANSING nennt dazu folgendes Beispiel:

„Ob sich (…) eine Schädigung der Wirbelsäule (=Körperstrukturen) bei einem erwachsenen Mann als Behinderung seiner gesellschaftlichen Teilhabe auswirkt, hängt wesentlich davon ab, ob er einen Arbeitsplatz mit entsprechender Anpassung (=Kontextfaktoren) erhält." (ebd.)

Nach WACKER, die ein solches Verständnis von Behinderung als „soziale Konstruktion" bezeichnet, kann dieses zu neuen Zielperspektiven führen. Während es im bestehenden Versorgungsmodell, welches Menschen mit Behinderungen eine untergeordnete Rolle zuweist, um den Ausgleich mangelnder Partizipationsmöglichkeiten geht, beschäftigt sich das neue Verständnis der Behinderung mit der Aufhebung der negativen Wechselwirkungen zwischen funktionellen Einschränkungen und Kontextfaktoren. Um eine verbessertes Verhältnis zwischen persönlichen Voraussetzungen und Bedingungen der Umwelt zu erlangen und um dieses nachhaltig gewährleisten zu können, sind laut WACKER der Ausbau „barrierefreier

Infrastrukturen" sowie die Entwicklung und der Aufbau bzw. die Neuentdeckung „individueller Ressourcen" und „Handlungskompetenzen" des betroffenen Menschen notwendig. Über die Umsetzung in Form von geeigneten Maßnahmen sollen die Betroffenen selbst, bei Bedarf mit beratender Hilfe Dritter, entscheiden (WACKER et al. 2005b, S. 11).

Neben dieser eher systemischen und theoretischen Definition von Behinderung ist es im Bezug auf Menschen mit einer kognitiven Beeinträchtigung notwendig den Blick auf die Beschreibungen der Disziplinen zu richten, die sich mit der Personengruppe näher beschäftigen.

2.2 Zur Personengruppe der Menschen mit kognitiver Beeinträchtigung

Die Sonderpädagogik beschäftigt sich mit der „Theorie und Praxis der Erziehung, Bildung, und Rehabilitation von körperlich, geistig oder/und seelisch behinderten Menschen" (MUTZECK 2000, S. 606).[2] Sie lässt sich ihrer Zielgruppen entsprechend in spezielle Fachrichtungen gliedern und zielt zum Beispiel darauf ab, geeignete Hilfemaßnahmen (z.B. therapeutische Maßnahmen) für die Menschen mit unterschiedlichen Behinderungen zu entwickeln (vgl. MUTZECK 2000, S. 606 f.; METZLER, WACKER 2001, S. 120 ff.; BAUDISCH et al. 2004).[3]

In den Rechtswissenschaften wird Behinderung wie folgt beschrieben. Im neunten Sozialgesetzbuch (SGB IX Rehabilitation und Teilhabe) wird unter Behinderung eine Beeinträchtigung der „körperlichen Funktionen", der „geistigen Fähigkeiten" und/oder der „seelischen Gesundheit" verstanden (§ 2 SGB IX). Der Nutzen dieser Klassifikation besteht nach METZLER und WACKER vor allem im Zusammenhang mit den Versorgungssystemen bzw. dem Geltendmachen von Leistungsansprüchen im sozial- und arbeitsrechtlichen Sektor (METZLER, WACKER 2001, S. 124).

---

[2] Bei dem Begriff der Sonderpädagogik handelt es sich um die neuere Bezeichnung der gegenwärtig synonym verwendeten Begriffe Heil-, Behinderten-, Rehabilitationspädagogik und Sondererziehung (ebd.).
[3] Die unterschiedlichen Fachrichtungen der Sonderpädagogik sind: die Lernbehinderten-, Sprachbehinderten-, Geistigbehinderten-, Verhaltensgestörten-, Köperbehinderten-, Sehbehinderten-, Blinden-, Schwerhörigen- und Gehörlosenpädagogik (ebd.).

Aus der soziologischen Perspektive (Sozialforschung), kann die Behinderung in Anlehnung an METZLER in drei Hauptbereiche unterteilt werden:

- körperliche Behinderung,
- kognitive Behinderung,
- psychische Erkrankung.

Diese Unterteilung benutzt METZLER, um die Ergebnisse der wissenschaftlichen Begleitforschung zum Persönlichen Budget vorzustellen. Dabei nennt sie als weiteren Bereich „sonstige Behinderungen" und berücksichtigt auch zusätzliche – mehrfache oder schwerstmehrfache – Behinderungen (METZLER 2007, S. 17).

Wann und ob jemand geistig behindert ist, kann medizinisch konkretisiert werden. In der Medizin ist die Ätiologie (Ursache) von besonderer Bedeutung. Als Hauptursache für eine geistige Behinderung wird die Schädigung des zentralen Nervensystems angeführt. Hierbei spielt der Zeitpunkt, zu dem die organische Schädigung eintritt, eine wichtige Rolle. Folgende Entstehungsphasen lassen sich unterscheiden: pränatal (vor der Geburt), perinatal (während der Geburt) und postnatal (nach der Geburt) (vgl. METZLER, WACKER 2001, S. 122; SCHUMACHER-GRUB 2004, S. 20 f.).[4]

Um das Ausmaß (den Grad) der geistigen Behinderung zu ermitteln, ist die ICD-10 das gängige Instrument zur Diagnostik und Klassifikation.[5] Hier wird der Behinderungsgrad anhand des Intelligenzquotienten bestimmt (Siehe Tabelle 1).

---

[4] Beispiele: Pränatale Schädigungen können durch Substanzmittelmissbrauch der Mutter entstehen. Perinatale Schädigungen können durch einen Sauerstoffmangel während der Geburt entstehen. Postnatale Schädigungen können durch Infektionen entstehen.

[5] Die Abkürzung ICD steht für „International Statistical Classification of Diseases and Related Health Problems" (Internationale statistische Klassifikation der Krankheiten und verwandter Gesundheitsprobleme) und wurde von der Weltgesundheitsorganisation (WHO) erstellt. Die Ziffer 10 bezeichnet die 10. Revision der Klassifikation. Das ICD-10 wurde im Auftrag des Bundesministeriums für Gesundheit vom Deutschen Institut für Medizinische Dokumentation und Information (DIMIDI) ins Deutsche übertragen und herausgegeben. Ab dem 01.01.2008 ist zur Verschlüsselung von Diagnosen in der ambulanten und stationären Versorgung die ICD-10-GM Version 2008 anzuwenden. GM steht für German Modification (Deutsche Modifikation).

Allgemeine Klassifikation	Klassifikation nach ICD-10	ICD-10-Nr.	Intelligenzquotient (IQ-Werte)	Anteil
leichte	leichte Intelligenz-Minderung	F 70	IQ 50 – 69	80 %
schwere	mittelgradige Intelligenzminderung	F 71	IQ 35 – 49	12 %
	schwere Intelligenzminderung	F 72	IQ 20 – 34	7 %
	schwerste Intelligenzminderung	F 73	IQ < 20	1 %

Tabelle 1: Klassifikation der geistigen Behinderung nach ICD-10 (Tabelle entnommen aus SCHUMACHER-GRUB 2004, S. 17)

Nun können und sollen hier nicht die verschiedenen Arten der wissenschaftlichen Auseinandersetzung (mit diesem Phänomen) umfassend dargestellt werden. Der Hinweis auf die unterschiedlichen Herangehensweisen ist jedoch notwendig, um die zum Teil unklare Begriffslage und die Schwierigkeit einer einheitlichen Begriffsbeschreibung nachzuvollziehen.

Menschen mit einer geistigen Behinderung wurden früher (heute gelegentlich auch noch) mit den Begriffen „Bildungsschwache, Schwachsinnige, Oligophrene schweren Grades, Imbezille oder Idioten" bezeichnet (BACH 1997, S. 378). Das es sich dabei um negative und stigmatisierende Bezeichnungen handelt, ist offensichtlich. Im Bestreben um eine möglichst nicht stigmatisierende Benennung dieser Menschen wird die Bezeichnung „Menschen mit kognitiver Beeinträchtigung" gewählt. Dabei handelt es sich um eine Begriffskombination der Autorin. Die Bezeichnung „leichte kognitive Beeinträchtigung" wird in der Regel in Verbindung mit der Demenz, bzw. im Bereich der Gerontologie, verwendet (vgl. ZAUDIG 1995). Deshalb darf es hier zu keiner Verwechslung führen. In der Psychologie „geht man jedoch von einer **Beeinträchtigung der kognitiven Leistungsfähigkeit** aus, aufgrund einer verminderten Intelligenz im Vergleich zum Durchschnitt der Bevölkerung" (METZLER, WACKER 2001, S. 122 [Hervorhebung der Autorin]).

Daher wird die Begriffswahl in Anlehnung an die psychologische Auffassung der Behinderung begründet.[6] Sicherlich ist auch diese Bezeichnung nicht neutral und frei von Stigmatisierungen; sie soll ausschließlich der im Rahmen dieser Arbeit erforderlichen Unterscheidung von Menschen mit und ohne kognitiver Beeinträchtigung dienen.

2.3 Menschenbilder in der Sonderpädagogik

Zerlegt man den Begriff Menschenbild in seine beiden Hauptwörter, Mensch und Bild, lässt sich vereinfacht sagen, dass es sich bei dem Begriff des Menschenbildes um die Sichtweise oder auch die Vorstellung handelt, die jemand – konkret: die Gesellschaft, in der man lebt – vom Menschen hat. Da die Menschen sehr verschieden sind (behindert – nicht behindert, berufstätig – arbeitslos etc.), lässt sich die Sichtweise auf den Menschen im Allgemeinen in die unterschiedlichsten Personengruppen differenzieren. Den verschiedenen Personengruppen werden jeweils bestimmte Attribute zugeordnet. Menschen mit Behinderungen wurden im Laufe der Geschichte beispielsweise als „wunderlich, verehrenswert, unbrauchbar, lebensunwert, bildungsfähig, förderbar" bezeichnet (SCHUMACHER-GRUB 2004, S. 6). Es geht also zum einen darum, wie die Gesellschaft einzelne Personen(gruppen) wahrnimmt und welche Charakteristika sie ihnen zuweist, und zum anderen darum, wie sie diese aufgrund dessen behandelt und mit ihnen umgeht.

Begegnet der Mensch einem komplexen Sachverhalt, den er mittels logischer Erklärungsversuche nicht ausreichend erfassen kann, entwickelt er „Bilder". Er versucht die Komplexität einer Erscheinung zu mindern, so dass er eine „subjektive Ordnung in das von ihm erlebte Chaos von Welt" bringt (GOLL 1998, S. 32). So ist es nach HAEBERLIN das „menschliche Bedürfnis nach Vereinfachung und Klassifizierung", welches die Konstruktion von Menschenbildern begründet (HAEBERLIN 2003, S. 12).[7] GOLL erläutert:

„Menschenbilder sind philosophische Konstrukte, die zum großen Teil aus internalisierten Werten und Normen abgeleitet sind, die ein Mensch im

---

[6] In der Literatur gewinnt der Begriff kognitive Behinderung zunehmend an Bedeutung und wird gegenüber geistiger Behinderung bevorzugt (vgl. FRÖHLICH, MOHR o. J., S. 2). So trägt eine Arbeit zur Integration von Menschen mit Behinderungen den Titel „Der Geist lässt sich nicht behindern" und die Interessenvertretung Mensch zuerst – Netzwerk People First e. V. stellt die Frage „Was hat Denken mit dem Geist zu tun?" (ALTENMÜLLER et. al. 1997; MENSCH ZUERST – NETZWERK PEOPLE FIRST DEUTSCHLAND E.V, o. J.).

[7] Mit solchen Fragestellungen beschäftigt sich die Psychologie, genauer das Teilgebiet der Differentiellen und Persönlichkeitspsychologie.

Laufe seiner Biographie akkumuliert. Sie sind daher streng wissenschaftlich weder verifizierbar bzw. falsifizierbar noch sind sie rational-logisch begründbar" (GOLL 1998, S. 32 f.).

Daher ist es unvermeidlich, dass der Mensch sich Bilder von anderen Menschen konstruiert. Da diese Menschenbilder aber das Verhalten des Einzelnen gegenüber anderen Menschen maßgeblich beeinflussen, ist es wichtig, sich dieser Bilder und der daraus entstehenden Folgen bewusst zu werden (HAEBERLIN 2003, S. 12). Denn „sie sind kritisch reflektierbar und können dadurch in ihrer Existenz als nicht-bewusste Alltagstheorien bewusst und in ihrer Handlungsimplikationen durchschaubar gemacht werden" (GOLL 1998, S. 33).

Wenn die Sicht auf einen Menschen nur auf den Charakteristika beruht, die ihm bzw. der Gruppe, der er angehört, zugeschrieben werden, besteht die Gefahr, dass der Mensch als Individuum übersehen wird und Vorurteile und Stigmatisierungen entstehen und gefestigt werden. Der Einzelne wird auf die ihm zugeschriebenen Merkmale reduziert (vgl. BAUDISCH 2000, S. 16 f.; METZLER, WACKER 2001, S. 136 f.).

Die verschiedenen wissenschaftlichen Disziplinen, speziell die Sonderpädagogik, nutzen diese Konstruktion von Menschenbildern zur Formulierung anthropologischer Leitgedanken. Erst die Auseinandersetzung mit anthropologischen Grundfragen ermöglicht ein Verständnis vom „Tun und Wollen" der professionellen Helfer. Daraus lassen sich entsprechende Zielperspektiven, „Handlungsrichtlinien" und eine bestimmte Haltung gegenüber der betreffenden Personengruppe entwickeln und ableiten. Dabei handelt es sich hier nicht um starre, unveränderliche, festgeschriebene, absolute Vorstellungen. Anthropologische Leitvorstellungen leiten das pädagogische Handeln in Form normativer Ideale (ebd.).

Laut HAEBERLIN, der den Versuch unternimmt, ein Menschenbild[8] für die Sonderpädagogik zu formulieren, darf sich die sonderpädagogische Anthropologie nicht von einer umfassenden Anthropologie unterscheiden. Seine Überlegungen basieren auf der Grundhaltung der „gleichen Würde für alle Menschen", was bedeutet, dass es weniger darum geht, ein spezifisches Menschenbild des Menschen mit Behinderung zu entwickeln, als vielmehr um ein allgemeines Menschenbild, das Menschen mit und ohne eine Behinderung integriert (HAEBERLIN 2003, S.11).

---

[8] Neben dem von HAEBERLIN entworfenen Menschenbild existiert eine Vielzahl verschiedener Bilder. GOLL beschreibt z.B. idealistische, magische und religiöse, animalistische und vegetabilistische, mechanistische, infantilistische Bilder der Vergangenheit und Gegenwart (GOLL 1998, S. 35 ff.).

HAEBERLINS erklärtes „Ziel" ist das normative Ideal einer „sittlich-religiösen Identität". Sittlich-religiöse Identität beinhaltet die Entscheidung für gesellschaftliche Gleichheit und den Glauben an Menschenwürde und Menschenliebe. All dies basiert auf einer wertgeleiteten reflexiven Intelligenz und einer wertgeleiteten Emotionalität (HAEBERLIN 2003, S. 75).[9]

HAEBERLIN erläutert, dass das so entworfene Menschenbild, welches eben alle Menschen einbindet, zu einer Lebensansicht wird, dass es sich einer rein sonderpädagogischen Anwendung entzieht und sich zu einer humanistischen Haltung ausbildet, „welche sich stets dann mit einem schlechten Gewissen verbindet, wenn sie auf Verhältnisse stößt, in welchen Menschen einander so über- und untergeordnet sind, dass sie sich gegenseitig weh tun und Würde absprechen" (HAEBERLIN 2003, S. 93).

In diesem Zusammenhang wirft er die eng miteinander verbundenen Fragen auf, welche Bedeutung das „Behindertsein" für den nicht behinderten Menschen hat und ob das formulierte Menschenbild nicht unter Umständen sogar einen Ausschluss, eine Absonderung des Menschen mit Behinderung impliziert, da er, provokativ formuliert, aufgrund seiner zum Teil erheblichen Beeinträchtigungen, gar nicht in der Lage ist, das vorgegebene normative Ideal zu erfüllen. Selbstkritisch räumt HAEBRLIN ein, dass das von ihm gezeichnete Menschenbild für einen Großteil der Menschen mit Behinderung nur in einem begrenzten Maß erreichbar sei. Es sei jedoch ebenso absurd, zu glauben, dass es überhaupt einem Menschen gelingen werde, dieses Menschenbild zu erreichen. Das vorgestellte Menschenbild bleibe für alle Menschen eine ideale Norm.

„An der Norm gemessen, ist vielleicht kein Mensch normal; wir sind nur mehr oder weniger nahe der Norm" (HANSELMANN 1928 zit. n. HAEBERLIN 2003, S. 94).

So betrachtet, bedeutet das von HAEBERLIN entworfene Menschenbild keine Absonderung des Menschen mit Behinderung. Zwar unterscheiden sich die Menschen durch ihre unterschiedlichen Fähigkeiten, doch durch die Gleichheit und Würde aller Menschen wird die Entstehung eines „elitären Bewusstseins" bei den Menschen mit relativ besseren Fähigkeiten verhindert. Diese werden vielmehr zu den Vertretern der Benachteiligten. Dabei soll kein Machtgefüge in Form von Überlegenheitsgefühlen entstehen. Diese Grundhaltung muss den Glauben daran einschließen, dass jeder Mensch die Fähigkeit und das Recht auf eine Entwicklung hin zum aufgezeigten Menschenbild, hat. Sollte es dem

---

[9] HAEBERLIN diskutiert ein ganzheitliches Menschenbild, auf das aufgrund seiner Komplexität und philosophischen Tiefe hier nicht näher eingegangen werden kann.

Menschen nicht gelingen, diese Entwicklungen bei sich und bei anderen wahrzunehmen, liegt dies in ihm selbst, da er sich noch nicht ausreichend in die Richtung dieses Menschenbildes entwickelt hat, um das Gegenüber in seinem „So-Sein" als gleichwertig erkennen zu können (HAEBERLIN 2003, S. 94 f.).

Daraus lässt sich auch die Beantwortung der Frage nach der Bedeutung des „Behindertseins" für den nicht behinderten Menschen ableiten. Indem die Menschen sich mit dieser Frage auseinandersetzen, sich selbst durch Begrifflichkeiten wie „Behindertsein" ordnen lassen, wird die weite Entfernung zur sittlich-religiösen Identität deutlich. Nach HAEBERLIN wird beispielsweise am Begriff der Behindertenpädagogik mehr als deutlich, dass man sich durch die Festschreibung dieses Begriffs darauf eingelassen hat, im Bewusstseins eine Trennung zwischen „Behinderten" und „Nicht-Behinderten" zu vollziehen, was im Widerspruch zu dem von ihm entwickelten Menschenbild steht (ebd.).

HAEBERLIN zufolge zeigen die Menschen, indem sie überhaupt die Frage nach der Bedeutung des „Behindertseins" stellen, dass sie selbst in ihrer „Vermenschlichung" zurückgeblieben und ‚behindert' sind" (HAEBERLIN 2004, S. 95). Der Wert dieser Frage liege jedoch darin, dass sie den Menschen ihre Distanz zur eigenen Vermenschlichung aufzeigen könne und folglich auf das eigene Angewiesensein auf Mitmenschen aufmerksam mache (ebd.).

Um abschließend auf die vorherrschenden Menschenbilder in den Praxisfeldern der Sonderpädagogik (Betreutes Wohnen, Wohnheime, Werkstätten, Kindergärten etc.) einzugehen, soll die zunehmende Orientierung am Grundgesetz bzw. den hier verankerten Menschenrechten herausgestellt werden. Es ist zu beobachten, dass in den neueren Konzepten der unterschiedlichen Institutionen insbesondere die Untastbarkeit der Würde, das Recht auf die freie Entfaltung der Persönlichkeit (Selbstbestimmung), die Gleichberechtigung und die freie Meinungsäußerung besonders betont werden (vgl. GRUNDGESETZ Art. 1, Abs. 1; Art. 2, Abs. 1; Art. 3, Abs. 2; Art. 3, Abs. 2; Art. 5, Abs. 1).

3 Behindertenhilfe im 20. und 21. Jahrhundert

Im folgenden geschichtlichen Abriss soll der gesellschaftliche Wandel der Behindertenhilfe dargestellt werden. Dabei spielen die rechtlichen Entwicklungen und die pädagogischen Konzepte eine wichtige Rolle. Ein Schwerpunkt dieses Kapitels liegt auf der Beschreibung der Bürgerrechtsbewegung „Independent Living", die als Ausgangspunkt der heutigen Selbstbestimmungsdiskussion gesehen werden kann. Eingang in die Soziale Arbeit findet die Selbstbestimmungsdiskussion nicht zuletzt durch das Empowerment-Konzept, das im letzten Teil kurz dargestellt wird.

3.1 Zur Behindertenhilfe zwischen 1945 und 1980

In der Nachkriegszeit konzentrierte sich die öffentliche Fürsorge vorwiegend auf die Kriegsopfer. Nichtkriegsgeschädigte Menschen mit Behinderung, die aufgrund ihrer gesundheitlichen Situation keinen Beitrag zum Wiederaufbau leisten konnten, brachte man in Sondereinrichtungen unter. Die damaligen Lebensverhältnisse in solchen Einrichtungen waren durch Raumnot, Geschlechtertrennung und eine stark eingeschränkte Privatsphäre gekennzeichnet und lassen sich nach heutigem Verständnis als menschenunwürdig beschreiben. Die Versorgung beschränkte sich auf rein pflegerische und medizinische Aspekte (KAAS 2002, S. 26).

Mit dem Bundessozialhilfegesetz (BSHG) wurden dann im Jahr 1961 erstmals auch Gesetze zur Eingliederungshilfe für Menschen mit Behinderung (§§ 39-47 BSHG) verabschiedet. Damit waren die Voraussetzungen für die Errichtung von Erziehungs- und Bildungseinrichtungen für Menschen mit Behinderung geschaffen. Außerdem wurde 1958 die Elternvereinigung „Lebenshilfe für das geistig behinderte Kind" gegründet, die sich für die Belange behinderter Kinder einsetzte und unter anderem das Recht auf Bildung für ihre Kinder forderte.[10] So setzte sich, auch durch das besondere Engagement dieser Elternvereinigung zunehmend die allgemeine Auffassung durch, dass Menschen mit Behinderung bildungs- und entwicklungsfähige Wesen sind und ihnen entsprechende Fördermöglichkeiten eingeräumt werden müssen. Entsprechend wurde das Sonderschulwesen auf- und differenziert ausgebaut. Des Weiteren wurden Werkstätten (WfBM) errichtet, in denen erwachsene Menschen mit Behinderung einer Tätigkeit nachgehen konnten/können.[11] Menschen mit Behinderung wurden nun nicht mehr gepflegt und verwahrt, sondern

---

[10] Die Lebenshilfe prägte 1958 den Begriff geistige Behinderung, der dann in der Fachwelt weiter verwendet wurde/wird.

[11] Im Jahr 1967 wurde der Begriff „Werkstatt für Behinderte" in die deutsche Gesetzgebung eingeführt.

behandelt und gefördert (METZLER, WACKER 2001, S. 119; KAAS 2002, S. 26 f.).

Im Jahr 1974 wurde das Schwerbeschädigtengesetz vom Schwerbehindertengesetz (SchwbG) abgelöst, was zur Folge hatte, dass das Gesetz nun auf alle behinderten Menschen anwendbar war und nicht mehr nur auf die Kriegsversehrten. Die Sicht über den Menschen mit kognitiver Beeinträchtigung als „defizitäres Wesen" blieb jedoch weiterhin bestehen und der professionelle Helfer, als Experte für die Angelegenheiten der Betroffenen, dominierte das bestehende Hilfesystem (KAAS 2002, S. 26 f.). KAAS weist darauf hin, dass bereits Ende der 1960er Jahre kritische Einwände von Betroffenen, über die Strukturen der Organisationen sowie über die Unterbringung in Sondereinrichtungen, zu verzeichnen waren (ebd.).

3.1.1 Das Konzept der praktischen Bildbarkeit

Die Förderansichten über Menschen mit kognitiver Beeinträchtigung in den 1960er Jahren bezogen sich auf das Konzept der „praktischen Bildbarkeit". Das Konzept „praktische Bildbarkeit" beschrieb Defizite des Menschen mit kognitiver Beeinträchtigung, indem eine Lernbeeinträchtigung (sachverhaftete Aufmerksamkeit), eine geringe Lerndynamik, eine mangelnde Spontaneität und eine Transferschwäche angenommen wurde. Folgernd entwickelte man dann für die pädagogische Arbeit mit Menschen mit kognitiver Beeinträchtigung die so genannten didaktischen Prinzipien, die von einer speziellen Führungsbedürftigkeit und der permanenten Anregungsbedürftigkeit der Betroffenen durch den Pädagogen ausgehen (vgl. SPECK 1970). Eine Ergänzung dieses Konzepts erfolgte durch verhaltenstherapeutische Maßnahmen (die überwiegend äußere Motivation und Steuerung beinhalteten). Praktisch bildbar zu sein bedeutet, mit differenzierten Angeboten anschaulich und durch praktisches Tun zu lernen. Nach KLAUß, der den Begriff „lebenspraktische Selbstständigkeit" verwendet, lag der pädagogische Schwerpunkt auf der Förderung lebenspraktischer Fertigkeiten. So ging man davon aus, dass Menschen mit kognitiver Beeinträchtigung bei angemessener Förderung durchaus in der Lage sind, ihren Alltag eigenständig zu bewältigen (KLAUß 2005, S. 2 ff.).

3.1.2 Normalisierungsprinzip

In den 1980er Jahren veränderte sich dann die bis dahin vorherrschende Sichtweise durch das Normalisierungsprinzip. Dessen Grundgedanken gehen auf den dänischen Juristen und Verwaltungsbeamten BANK-MIKKELSEN zurück, der forderte, „den geistig Behinderten ein so normales Leben wie möglich zu gestatten" (BANK-MIKKELSEN 1959, zit. n. THIMM 1995, S. 5).

BANK-MIKKELSENs Formulierungen fanden Eingang in das dänische „Gesetz über die Fürsorge für geistig Behinderte" von 1959. Theoretisch ausgearbeitet wurde dieser Ansatz im Jahr 1969 durch den Schweden NIRJE (1969). Inhaltlich sieht das Normalisierungsprinzip die Trennung wichtiger Lebensbereiche vor. THIMM nennt mit Bezug auf NIRJE acht Bereiche, auf die sich das Normalisierungsprinzip auswirkt: 1. normaler Tagesrhythmus, 2. Trennung von Arbeit, Freizeit und Wohnen, 3. normaler Jahresrhythmus, 4. normaler Lebenslauf, 5. Respektierung von Bedürfnissen, 6. angemessene Kontakte zwischen den Geschlechtern, 8. normaler wirtschaftlicher Standard. Es geht hier also um die Minderung einer unnormalen und künstlichen Lebenswelt der Menschen mit kognitiver Beeinträchtigung bzw. um die Normalisierung der Umgebungsbedingungen. Das Normalisierungsprinzip gesteht den Menschen mit Behinderung zu, die „Errungenschaften und Bedingungen des täglichen Lebens, so wie sie der Masse der übrigen Gesellschaft zur Verfügung stehen, weitgehend zu nutzen (...)" (KUGEL, WOLFENBERGER 1974 zit. n. THIMM 1995, S. 19).

THIMM weist darauf hin, dass man sich von der scheinbaren Schlichtheit des Konzeptes nicht beirren lassen solle, denn bei konsequenter Anwendung führe es zu einer erheblichen Veränderung im Umgang mit Menschen mit Behinderung (THIMM 1995, S. 19).

Als eine wichtige Voraussetzung, um die Umsetzung des Normalisierungsprinzips zu sichern, wird die Dezentralisierung der Wohneinrichtungen genannt. Die Entwicklung hin zu einer Ambulantisierung der Behindertenhilfe und der Aufbau von gemeindenahen Wohnformen sowie offenen Sozialhilfen, die eine ortsnahe Betreuung ermöglichen sollen (THIMM 1995, S. 21). KAAS merkt jedoch an, dass Normalisierung vielerorts anders ausgelegt wurde und eher zu Veränderungen innerhalb der Einrichtungen führte. Es wurden verstärkt Einzelzimmer eingerichtet und größere Wohngruppen verkleinert, um einen persönlicheren Umgang, eine „familiäre Atmosphäre" zu schaffen (KAAS 2002, S. 27).

Da die Eingliederungshilfe für Menschen mit Behinderungen durch die Ausgliederung in Form von Sondereinrichtungen einen überaus widersprüchlichen Charakter aufweist, gewinnen in den 1980er Jahren die Inklusion und die Integration von Menschen mit Behinderungen zunehmend an Bedeutung. Die Soziologie beschäftigt sich mit der sozialen Inklusion. Dabei geht es grundsätzlich um die gesellschaftliche Teilhabe von Menschen (mit und ohne Behinderung). Durch das kritische Infragestellen der Besonderung der Menschen mit kognitiver Beeinträchtigung und ihrer Unterbringung in Sondereinrichtungen, wurde die Integration im Sinne des Normalisierungsprinzips bzw. im Zuge der Deinstitutionalisierungsdiskussion thematisiert. Daneben kam es zu der Entwicklung integrativer Maßnahmen (z. B. integrierte Kindergärten, Schulen). Dem lag die Überlegung zugrunde, dass Kinder mit und ohne kognitive Beeinträchtigung vom gemeinsamen Unterrichtswesen profitieren können. So konnten zum Beispiel im Hinblick auf die Aneignung von Kulturtechniken (lesen, rechnen, schreiben) positive Entwicklungstendenzen beobachtet werden. Dies führte wiederum dazu, die vermeintlichen Einschränkungen von Menschen mit Behinderung zu überdenken (KLAUß 2005, S. 1 f.).

An den hier aufgezeigten Entwicklungen der Behindertenhilfe lässt sich nach KLAUß ein zunehmendes Vertrauen der professionellen Helfer in die Fähigkeiten von Menschen mit Behinderung ablesen. Er spricht von einem „zutrauenden Menschenbild" und einer sich daraus ergebenden Wechselwirkung: „Menschen wird mehr zugetraut, sie selbst trauen sich mehr zu" (ebd., S. 2).

Infolge dieser Entwicklungen traten also Selbstbestimmungstendenzen in den Vordergrund. Da der Gedanke der Selbstbestimmung für die Fragestellung der vorliegenden Arbeit zentral ist, wird er im folgenden Abschnitt eingehender behandelt.

3.2 Selbstbestimmt Leben

Im Anschluss an diesen allgemeinen Überblick soll nun die geschichtliche Entwicklung zum aktuell diskutierten Konzept „Selbstbestimmt Leben" ausführlicher betrachtet werden. Ihren Kern hat dieses Konzept in der oben bereits erwähnten „Independent-Living-Bewegung", die als Ursprung der heutigen Diskussion gelten kann.

3.2.1 Die Independent-Living-Bewegung

Die Independent-Living-Bewegung entstand zu Beginn der 1960er Jahre in den USA. Menschen mit Behinderungen schlossen sich zusammen, um gemeinsam den „Kampf" gegen Bevormundung, Entmündigung, Diskriminierung und die Abschiebung in Einrichtungen und Anstalten aufzunehmen. Durch die Selbstvertretung (self-advocacy) ihrer Interessen und motiviert durch die vorangegangenen Bürgerrechtsbewegungen der Frauen, Studenten und Farbigen in den USA entstand 1972 das erste „Center for Independent Living – CIL" (Zentrum für ein selbstbestimmtes Leben).

Dieser organisierte Zusammenschluss von Menschen mit Behinderungen erhöhte den politischen Druck auf die US Regierung. Diese erließ neue Gesetze, die u.a. staatliche Förderprogramme beinhalteten. Durch die staatlichen Förderprogramme wurden weitere Zentren errichtet; mittlerweile sind es 300. Die Beratung in diesen Zentren erfolgt nach dem Konzept des „Peer-Counseling". Dabei handelt es sich um Beratung von Betroffenen für Betroffene (METZLER, WACKER 2001, S. 134; RAICHLE 2005, S. 125 f.; INTERESSENVERTRETUNG SELBSTBESTIMMT LEBEN IN DEUTSCHLAND E.V., o.J.).

Die Ziele dieser Bewegung waren und sind die Anerkennung von Menschen mit Behinderungen als Bürger der Gesellschaft und daraus folgend die Garantie von (staats)bürgerlichen Rechten. Die Bewegung lenkt den Blick weg von individuellen Defiziten. Ihr geht es nicht (so sehr) um das Einklagen veränderter oder zusätzlicher Dienstleistungen; der Schwerpunkt liegt auf den Bedingungen der Umwelt und der gesellschaftlichen Verhältnisse, die Menschen mit Behinderung daran hindern, ihre Grundrechte wie Freizügigkeit, Privatheit und Selbstbestimmung wahrzunehmen. Deshalb fordert sie die Auflösung sämtlicher „Sonder"- Einrichtungen für Menschen mit Behinderungen. Angestrebt wird die Integration aller erforderlichen Dienst- und Unterstützungsleistungen in die üblichen gesellschaftlichen Formen bürgerschaftlicher Dienste (ebd.).

In Europa verbreitete sich die Idee mit zeitlicher Verzögerung. In Deutschland tritt die Independent-Living-Bewegung unter dem Schlagwort „Selbstbestimmt Leben" in Erscheinung. Die ersten entsprechenden Initiativen behinderter Menschen waren weniger politisch ausgerichtet und konzentrierten sich auf Sport- und Freizeitaktivitäten. Mitte der 1970er Jahre änderte sich dies, und sie wurden zunehmend politisch. Den Höhepunkt dieser Entwicklung bildete die Protestbewegung des „Krüppeltribunals" von 1981. In Düsseldorf trafen Menschen mit Behinderungen aus ganz Deutschland zusammen und machten ihre negativen Erfahrungen und Diskriminierungen öffentlich. Im Jahre 1986 wurde dann das erste Zentrum für Selbstbestimmtes Leben[12] gegründet (INTERESSENVERTRETUNG SELBSTBESTIMMT LEBEN IN DEUTSCHLAND E.V., o.J.).

Die geforderte Selbstbestimmung bezieht sich auf persönliche und ökonomische Entscheidungen. Im Vordergrund steht die Lebensqualität von Menschen mit Behinderungen, die durch eine selbstbestimmte Lebens-

---

[12] Standort des ersten Zentrums war die Stadt Bremen. Heute finden sich Mitgliederorganisationen in mindestens 18 Städten der Bundesrepublik Deutschland. Darüber hinaus existieren Arbeitspartnerschaften mit anderen Vereinen. Die Bundesgeschäftsstelle ist in Jena/Thüringen.

führung wesentlich gesteigert wird. Als Beispiel für eine selbstbestimmte Lebensführung sei das Konzept der „persönlichen Assistenz" genannt. Dabei handelt es sich um ein Lebensmodell, indem die Betroffenen ihre Assistenten selbst auswählen, anleiten und bezahlen. Ein grundlegendes Element in diesem Modell ist die Ausrichtung auf die persönlichen Bedürfnisse des Menschen mit Behinderung und der daran orientierte Einsatz der gewählten Assistenten. Die wohl stärkste Ausprägung findet dieses Konzept im so genannten „Arbeitgebermodell": Danach wird der Mensch mit Behinderung als Arbeitgeber tätig und managt seinen eigenen kleinen Betrieb (GOTTSCHALLER 2004, S. 358 ff.).

Die Independent-Living-Bewegung wurde zunächst vor allem von Menschen mit körperlichen Behinderungen getragen. Später schlossen sich jedoch auch Menschen mit einer kognitiven Beeinträchtigung der Bewegung an. Der Zusammenschluss dieser Personengruppe ist unter der Bezeichnung „People First" bekannt. Der Begriff wurde 1974 in Oregon/USA auf einer ersten Tagung von Menschen mit kognitiver Beeinträchtigung geprägt und meint konkret, dass der Mensch im Vordergrund stehen soll und nicht seine Beeinträchtigung,

> „Ich habe es satt, geistig behindert genannt zu werden – wir sind zuerst einmal Menschen, eben People First" (MENSCH ZUERST – NETZWERK PEOPLE FIRST DEUTSCHLAND E.V., o. J).

In Deutschland wurde am 2. März 2001 der Verein „Mensch zuerst – Netwerk People First Deutschland e. V." gegründet,[13] ein Verein von und für Menschen mit Lernschwierigkeiten. Der Verein wendet sich gegen die Formulierung „Menschen mit geistiger Behinderung"; er betont deutlich, dass er den Begriff „Menschen mit Lernschwierigkeiten" bevorzugt, und plädiert dafür, den Ausdruck „geistige Behinderung" nicht mehr zu verwenden. Diese Auffassung wird erläutert anhand der Frage: „Wer hat das Recht zu sagen, ob wir gut oder nicht gut denken können?" (MENSCH ZUERST – NETZWERK PEOPLE FIRST DEUTSCHLAND E.V, o. J).

Weiterhin spricht sich der Verein dafür aus, den Begriff „People First" auch im deutschsprachigen Raum zu verwenden, um international erkennbar zu sein und dadurch die Zusammenarbeit mit Menschen aus anderen Ländern zu vereinfachen.

Einen interessanten Einblick liefert das Grundsatzprogramm des Vereins, das sich mit den folgenden Themen befasst:

---

[13] Der Verein hat bundesweit 22 Niederlassungen, sein Hauptsitz befindet sich in Kassel/Hessen.

„Die wichtigsten Forderungen an ...
- Gesellschaft,
- Kindergarten, Schule und Bildung,
- Ausbildung, Arbeit und Beruf,
- Wohnen,
- Freizeit, Sport und Kultur,
- Öffentlicher Nahverkehr und Verkehr,
- Partnerschaft, Sexualität und Kinder,
- Medizin" (ebd.).

In den zu den unterschiedlichen Lebensbereichen aufgestellten Forderungen werden zum Teil ganz konkrete Vorstellungen über die gesellschaftlichen Umwelt- und institutionellen Rahmenbedingungen deutlich, wie zum Beispiel die folgenden präzisen Angaben zum Bereich „Wohnen" zeigen:

„In einem Wohnheim sollen nicht mehr als 15 Personen leben. In einer Wohngruppe sollen nicht mehr als 5 Personen leben." (MENSCH ZUERST – NETZWERK PEOPLE FIRST DEUTSCHLAND E.V, o. J.).

Solche Forderungen nach Veränderungen stellen eine durchaus realistische und in der Praxis umsetzbare Perspektive dar – sicherlich nicht von heute auf morgen, aber in absehbarer Zukunft. Diese Forderungen sollten grundsätzlich aufgegriffen und umgesetzt werden, denn schließlich geht es nicht um die persönliche Lebensgestaltung der professionellen Helfer, der Einrichtungen oder der Kostenträger, sondern um die Lebensgestaltung der Betroffen selbst. In erster Linie gilt es, die Betroffenen als Experten in eigener Sache zu respektieren und sie in einer selbstbestimmten Lebensführung zu stärken und zu motivieren.

3.2.2 Empowerment als Methode zur Umsetzung des Selbstbestimmt Leben Konzeptes?

Die Methode Empowerment stammt aus dem angloamerikanischen Sprachraum und wurde von der Independent-Living-Bewegung stark beeinflusst (vgl. Kapitel 3.2.1). Es kann auch als eine Art Konzeptionalisierung bzw. als ein professionelles Verstehen der Selbstbestimmungsforderungen gesehen werden, ohne die die Bemühungen der Betroffenen möglicherweise frei im Raum ständen und weniger Unterstützung durch die Soziale Arbeit erfahren hätten. Entwickelt wurde es in den 1980er Jahren; als seine Begründer werden RAPPAPORT et al. (1985) genannt. Zu Beginn der 1990er Jahre fand es auch im deutschsprachigen Raum Anerkennung. Mit diesem Konzept beschäftigten sich vor allem STARK und BOBZIEN (1996); eine Übertragung auf den Bereich der Behindertenarbeit erfolgte in erster Linie durch THEUNISSEN und PLAUTE (1995).

Laut METZLER und WACKER werden in den Zielformulierungen des Konzepts kritisch-emanzipatorische Ansätze deutlich. Denn es geht um den Abbau der „Unmündigkeit" und die Förderung von „Autonomie". Weiterhin diskutieren METZLER und WACKER den Begriff „Power" (Macht), der deutlich darauf verweist, dass es um Fragen der Machtverteilung geht und somit bestimmte politische Sphären betroffen sind. Im Empowerment setzt man auf die Mobilisierung der Selbsthilfekräfte und auf die eigene Lösungserarbeitung und dessen Wertschätzung. Geleitet von einem zutrauenden Menschenbild, versteht sich Empowerment als ein Prozess, der durch die Zusammenarbeit von Menschen in Bezug auf ähnliche Belange zu Synergieeffekten führen kann (METZLER, WACKER 2001, S. 135).

GALUSKE behandelt das Konzept des Empowerment in seinem Buch „Methoden der Sozialen Arbeit". Ihm zufolge handelt es sich hierbei jedoch weniger um eine Methode im klassischen Sinn, die das Handwerkszeug für die berufliche Praxis liefert; mit Bezug auf STARK (1996) betont er, dass es dabei vielmehr um eine professionelle Haltung sozialen Handelns geht. So ist nachvollziehbar, dass es bisher noch wenige konkrete Anhaltspunkte für die Umsetzung des Konzeptes in die Praxis gibt, da der aktuelle Schwerpunkt im Umdenken der professionellen Helfer liegt (GALUSKE 2005, S. 270 f.).

Nach GALUSKE, der sich auf STARK bezieht, ist Empowerment ein Prozess, der sich auf drei Ebenen vollzieht: der individuellen Ebene, der Gruppen- und Organisationsebene und der gesellschaftlich-strukturellen Ebene. Die individuelle Ebene bezieht sich auf die Entwicklung des Einzelnen, den „inneren Aufbruch" beispielsweise aus der Resignation, um das eigene Leben in die Hand zu nehmen. Die Gruppen- und Organisationsebene betrifft den Zusammenschluss von Personen z.B. in Form von Selbsthilfe-Initiativen, in denen die Einzelnen unterschiedliche Motive verfolgen, diese aber auch miteinander abgeglichen und zu Organisationszielen zusammengefasst werden. Empowermentprozesse auf der gesellschaftlich-strukturellen Ebene werden durch die bürgerlichen Interessen und die politische Bereitschaft zu Veränderung zum Ausdruck gebracht (GALUSKE 2005, S. 270 f.).

Der Terminus „Empowerment" lässt sich nach THEUNISSEN und PLAUTE mit „Selbst-Bemächtigung Betroffener" übersetzen und hat nahezu revolutionären und provokativen Charakter. Zum einen bewirkt dieses

Konzept eine Neuorientierung, einen Paradigmenwechsel, indem es sich gegen die Bevormundung und Kontrolle durch die öffentliche Fürsorge wendet. Zum anderen zwingt es die professionellen Helfer, ihre bisherige Position zu reflektieren und sich neu zu positionieren (THEUNISSEN, PLAUTE 1995, S. 11 ff.). In einer Gegenüberstellung der herkömmlichen Behindertenhilfe und des Empowerment-Konzeptes stellen die Autoren die wesentlichen Veränderungen dar, die dieser Perspektivenwechsel mit sich bringt (Siehe Tabelle 2).

Herkömmliche Behindertenhilfe	Empowerment-Konzept
Behinderter = Patient	Behinderter = Experte
professioneller Helfer = Experte	professionelle Helfer = Assistent
Medizinisches Modell	*Sozialwissenschaftliches Modell*
individuumzentrierte (biologische) Ursachenforschung	kontextuelle, bio-psycho-soziale Problemsicht
Defizitorientierung	Ressourcenorientierung
individualistische disziplinierende Intervention	lebensweltorientierte Behindertenarbeit
Ziel: reibungslose Anpassung / gesellschaftliche Verwertbarkeit	Ziel: Selbstbestimmung
helferdominant / autoritär	betroffenendominant / kooperativ
Segregation	Integration
(totale) Sondereinrichtungen	mobile, bedarfsgerechte, gemeindeintegrierte und vernetzte Hilfen
Besonderung	Normalisierung
menschliche Entfremdung	sinnerfüllte Lebensverwirklichung

Tabelle 2: Paradigmenwechsel (Tabelle entnommen aus THEUNISSEN, PLAUTE 1995, S. 17)

Diese Gegenüberstellung macht den Kontrast zwischen der herkömmlichen Behindertenhilfe und dem Konzept des Empowerment deutlich. Sie ist zwar in einer Veröffentlichung zum Empowerment erschienen, darf jedoch nicht als dessen Ergebnis verstanden werden. Die hier vorgestellten Veränderungen gehen vielmehr auf die oben dargestellten Entwicklungen, insbesondere die Independent-Living-Bewegung zurück. Entsprechend beziehen THEUNISSEN und PLAUTE sich auf diese und entwerfen so ein Grundverständnis der „neuen" Methode.

4 Autonomie und Selbstbestimmung

Das in Kapitel 3 vorgestellte Normalisierungsprinzip befasst sich mit den äußeren Lebensumständen einer Person, ihrer Stellung innerhalb einer Gesellschaft, ihren Lebensbedingungen sowie einem altersgemäßen Lebenslauf. Es ist seit den 80er Jahren das vorherrschende Konzept in der Behindertenhilfe, das nun im Konzept des „Selbstbestimmten Lebens" seine Fortsetzung erfährt (MÜLLER-TEUSLER 2000, S. 76). Bei der Diskussion um Selbstbestimmung und Autonomie geht es um den Aspekt der Beziehungen und Interaktionen des einzelnen Menschen (mit und ohne Behinderung) zu anderen Individuen und Einrichtungen der Gesellschaft.

Mit dem Schlagwort des Selbstbestimmungs- oder Autonomieparadigmas wird ein Wandel in der Behindertenpolitik bezeichnet, der wegführt von der Versorgungsmentalität und hin zu einer selbstbestimmten Lebensführung und zur Stärkung der Selbstbestimmungsrechte von Menschen mit Behinderungen. In Deutschland ist das Selbstbestimmungsparadigma noch relativ neu, es hat erst in den letzten ungefähr zehn bis fünfzehn Jahren an Bedeutung gewonnen; daher spricht die Fachliteratur in diesem Zusammenhang derzeit noch von „Zielgrößen", „Ideen" oder „Perspektiven" (vgl. BAUDISCH 2000; KAAS 2002; KLAUß 2005; WACKER et al. 2005b). Diese Begriffe machen deutlich, dass Selbstbestimmung als eine Art Ideal in der Behindertenarbeit betrachtet wird (vgl. Kapitel 2.3). Denn es fordern zwar erstmals Betroffene ihre Selbstbestimmungsrechte ein, doch ist die Praxis der Behindertenhilfe noch weit davon entfernt, diese Rechte allen Menschen mit Behinderungen zuzugestehen, besonders Menschen mit schwersten oder/und mehrfachen Behinderungen, die solche Forderungen zum Teil gar nicht artikulieren können.

In diesem Kapitel wird zunächst ein Verständnis des Menschen als autonomes System in Verbindung mit der Umwelt entwickelt. Dann wird die Entstehungsgeschichte der gegenwärtigen Selbstbestimmungsidee aus der Autonomiediskussion der Aufklärung erläutert. Nach der Definition des Begriffs Selbstbestimmung und der Differenzierung zwischen Selbständigkeit und Selbstbestimmung wird die konkrete Bedeutung der Selbstbestimmung aus der Sicht der Betroffenen anhand der „Duisburger Erklärung" geschildert. Schließlich wird auf die soziale Abhängigkeit der Menschen mit Behinderungen eingegangen, die das Gegenteil von Selbstbestimmung, nämlich Fremdbestimmung zur Folge haben kann. Diese Gefahr der Fremdbestimmung soll anhand von Praxisbeispielen verdeutlicht werden. Abschließend wird auf die Rolle des professionellen Helfers und auf die Folgen missachteter Selbstbestimmung hingewiesen.

4.1 Der Mensch als autonomes System und die Funktion der Umwelt

Biologisch betrachtet ist jedes Lebewesen ein autonomes System. Der Mensch ist von Natur aus darauf angelegt, sich selbst zu erhalten. Dies tut er, indem er sich selbst organisiert[14] bzw. reguliert und „sich in Kommunikation und Interaktion mit den anderen" (SPECK 1996, S. 16; 1999, S. 83) behauptet.

Der Austausch zwischen Individuum und Welt erfolgt über die Aktivitäten des Individuums. Dies gilt auch für Erkenntnisleistungen, denn der Mensch erkennt nur, indem er auf die Welt einwirkt (PIAGET 1970, zit. n. FLAMMER 1996, S. 121).[15] In der neurobiologischen Perspektive von MATURANA und VARELA wird der Mensch als ein „autopoietisches" (sich selbst schaffendes) System betrachtet: „Jedes Tun ist Erkennen und jedes Erkennen ist Tun" (MATURANA und VARELA 1987, zit. nach SPECK 1996, S. 16).

Deshalb bezeichnet SPECK den Prozess der Selbstregulierung als einen Erkenntnisakt (SPECK 1996, S. 16; 1999, S. 83). Das bedeutet, dass jeder Mensch sich seine eigene „psychische und geistige Wirklichkeit" konzipiert. Über deren Inhalt entscheidet er selbst. Dabei spielen persönliche Erfahrungen und die daraus resultierenden Einstellungen eine wesentliche Rolle. Was der Mensch wahrnimmt, kann ihm nicht vorgegeben werden; er wählt selbst aus, indem er „hört und sieht, was er hört und sieht" (SPECK 1996, S. 17; 1999, S. 84).

In dieser Sichtweise können Veränderungen nur vom Menschen selbst herbeigeführt werden; äußere Aspekte (Umwelt) können solche Prozesse lediglich anstoßen. Andernfalls wäre der Mensch „nichts anderes als das Ergebnis seiner Umwelt" (SPECK 1996, S. 16 f.).[16]

---

[14] Bei Krankheit erfolgt die Selbstorganisation des Menschen beispielsweise durch den körpereigenen Selbstheilungsprozess (SPECK 1996, S. 16). Wenn etwa ein Kind mit dem Fahrrad stürzt und sich dabei Schürfwunden zuzieht, kann ein Arzt die Wunden versorgen, indem er sie reinigt, verbindet etc. Aber die eigentliche Heilung, z. B. die Schorfbildung, erfolgt durch den eigenen Körper (Selbstheilungsprozess).

[15] FLAMMER nennt in Anlehnung an PIAGET dazu folgendes Beispiel: „[...] der Säugling kennt die Mutterbrust nur saugend, die Rassel und ihr Geräusch nur, indem er sie schüttelt" (FLAMMER 1996, S. 121).

[16] So gesehen hat die Erziehung immer nur einen Angebotscharakter (vgl. FLAMMER 1996, S. 131; SPECK 1999, S. 84).

Die Entwicklung und Entfaltung der eigenen Identität und Persönlichkeit ist deshalb ohne Autonomie nicht denkbar. Menschen benötigen Autonomie, um das „je Eigene auszuprägen", das sie von anderen unterscheidet und ihnen ihre Einzigartigkeit verleiht. Diese Gesetzmäßigkeiten sind allgemeingültig, d. h. sie gelten für Menschen mit Behinderung ebenso wie für Menschen ohne Behinderung. Diese Grundsätzlichkeit betont SPECK besonders, da er dies in Bezug auf Menschen mit Behinderung oftmals in Frage gestellt sieht (ebd.).

Der Mensch als autonomes und selbstreguliertes System ist ein soziales Wesen und ein Bestandteil der Gemeinschaft. Er ist auf andere angewiesen und von ihnen abhängig (Interdependenz) oder, in SPECKs Worten: „das Selbst gibt es nur, weil es auch die anderen gibt" (SPECK 1996, S. 19).

Diese Abhängigkeit bezieht sich konkret in erster Linie auf die Umgebung des Menschen, d. h. die Umwelt, „aus der er kommt und in der er lebt" (ebd.).[17] Durch die Beziehung zur Umwelt ist der Mensch kulturell eingebunden. SPECK spricht von der „haltgebenden Umwelt", die ihm zufolge die Grundlage für die Autonomiebildung des Menschen ist (SPECK 1996, S. 19).

Wie bereits gesagt wurde, entscheidet der Mensch selbst, was er von außen annimmt. In Bezug auf Menschen mit kognitiver Beeinträchtigung führt SPECK einige Punkte an, denen besondere Beachtung zu schenken ist und von denen es abhängt, ob der Mensch moralische Vorstellungen annimmt und „sich in seine Umwelt kulturell und moralisch einbinden lässt" (SPECK 1996, S. 20). Dazu gehören die Qualität der Beziehung (Echtheit, Überzeugungskraft und Glaubwürdigkeit) sowie die angemessen Kommunikation bei der Werte-, Prinzipien- und Normenvermittlung (ebd.). Soll der Mensch normative Verbindlichkeiten anerkennen, müssen diese für ihn sinnvoll sein. Diese Sinnhaftigkeit kann sich jedoch nur in der Eingebundenheit in die Gemeinschaft entwickeln.[18] Die Beachtung der

---

[17] Aus der entwicklungspsychologischen Perspektive PIAGETs ist die Funktion des Verhaltens die Anpassung (Adaption) zwischen dem Menschen (Organismus) und der Umwelt (Welt). Ziel dabei ist die Herstellung eines Gleichgewichts (Äquilibration) (PIAGET 1970, zit. n. FLAMMER 1996, S. 121).

[18] FORNEFELD greift die Bedeutung der Sinnhaftigkeit mit Bezug auf die von Fachleuten geschaffenen Lebens-, Lern- und Therapiewelten auf, in denen der Mensch mit kognitiver Beeinträchtigung keinen subjektiven Sinn für sich entdecken kann (FORNEFELD 1996, S. 173 f.). Wenn der Betroffene z. B. einen Angebotsmarathon (Airtramp, Wasserbett, Turnen, Kochen und unter Umständen – primär bei Menschen mit einer schwerstmehrfachen Behinderung – vestibuläre, vibratorische und kinästhetische Stimulation) durchläuft, weil anstatt mit ihm an ihm „gearbeitet" wird, bleiben nicht nur seine persönlichen Bedürfnisse unberücksichtigt, sondern es kann kein subjektiver Sinn gestiftet werden (ebd.).

genannten Punkte (die nicht als vollständige Aufzählung zu verstehen sind) kann dazu beitragen, dass Menschen sich stärker einbinden lassen, und somit die Grundlage der Autonomiebildung festigen.

4.2 Zum Autonomiebegriff der Aufklärung

KLAUß stellt Zusammenhänge zwischen Selbstbestimmung und dem menschlichen Streben nach Freiheit her. Ihm zufolge handelt es sich beim Streben nach Freiheit um eine Grundposition der menschlichen Kultur; das macht er beispielsweise daran fest, dass die Stämme Israels Jahwe verehrten, weil sie ihn als ihren Befreier aus der ägyptischen Knechtschaft verstanden. Er stützt seine Ausführungen mit den Freiheitsbestrebungen der Sklaven im römischen Reich und der Bauern im Bauernkrieg, die sich unter Berufung auf die christliche Freiheit erhoben (KLAUß 2005, S. 3).

Als Basis der heutigen Autonomiediskussion gelten die Arbeiten von IMMANUEL KANT, die als unumstrittenes Gedankengut der Epoche der Aufklärung betrachtet werden.[19] KLAUß erklärt in Anlehnung an KANT, dass der menschliche Wille sich freiwillig vernünftigen „Faktoren" unterwerfe und sich so von spontaner oder triebhafter Willkür befreie (KLAUß 2005, S. 3). Diese Aussage drückt sich in dem von KANT formulierten kategorischen Imperativ aus, den VORLÄNDER wie folgt deutet:

> „Handle jederzeit nach der Maxime, deren Allgemeinheit als Gesetz du zugleich wollen kannst." (VORLÄNDER 1994 zit. n. KLAUß 2005, S. 3).

Danach meint Autonomie, dass sich das menschliche Handeln an Gesetzen ausrichtet, die als vernunftgemäß anerkannt (moralisch verbindlich) sind, und alle Menschen einbezieht. Anders ausgedrückt bedeutet dies, dass ein freies Zusammenleben der Menschen nur unter Berücksichtigung und Anerkennung der Rechte und Interessen der anderen Menschen möglich ist (BAUDISCH 2000, S. 16 f.; KLAUß 2005, S. 3; GRUNDGESETZ, Art. 2, Abs. 1).[20]

---

[19] Der Begriff Autonomie setzt sich aus den beiden griechischen Wörtern „autos" und „nomos" zusammen; die ins Deutsche übersetzt „selbst" und „Gesetz" bedeuten (SPECK 1996, S. 16).

[20] Als eine weitere Errungenschaft der Aufklärung lässt sich die Auffassung des Anspruchs **aller Menschen** auf Freiheit benennen. Diese kommt nach KLAUß in den drei Idealen der französischen Revolution „Freiheit – Gleichheit – Brüderlichkeit" zum Ausdruck sowie in MARX' Forderung, Verhältnisse, in denen die Menschen in Knechtschaft gehalten werden, aufzulösen (KLAUß 2005, S. 3f.).

SPECK bezieht sich ebenfalls auf KANT, den er als geistigen Vater der heute geführten Autonomiediskussion benennt. Er erläutert, dass das Prinzip der Autonomie wie eine Art „Gerüst" im Menschen verankert sei und sein Handeln in biologischer, psychologischer und sozialer Hinsicht bestimme. Laut SPECK mündet die Autonomie-Diskussion immer in den ethischen Bereich der moralischen Selbstbestimmung (SPECK 1996, S. 16).

Der Kern der heutigen Selbstbestimmungsidee lässt sich also auf die Überlegungen der Aufklärung zurückführen und Selbstbestimmung kann als ein Bestandteil der Autonomie betrachtet werden. SPECK zufolge hat die Verwendung des Begriffs Autonomie im Bereich der Behindertenarbeit anfänglich zu erheblicher Verunsicherung geführt. Da die Fachwelt lange Zeit der Auffassung war, dass ein Mangel an Autonomie gerade das Charakteristikum der Menschen mit kognitiver Beeinträchtigung ist, erschien es lange undenkbar, geradezu als Widerspruch, den Begriff auf diese Personengruppe anzuwenden (SPECK 1996, S. 15).

4.3 Selbstbestimmung

Das dieser Arbeit zugrunde gelegte Verständnis von Selbstbestimmung entspricht nicht dem gängigen Alltagsverständnis von „Freisein von äußeren Zwängen und Heteronomie" (KLAUß 2005, S. 3).[21] Das sollen die folgenden Ausführungen verdeutlichen. Wie bereits im Zusammenhang mit der Independent-Living-Bewegung dargestellt wurde, gewinnt die Selbstbestimmungsidee im 20. und 21. Jahrhundert zunehmend an Bedeutung. Betroffene stellen emanzipatorischen Forderungen, die besonders auf eine Veränderung der bestehenden Strukturen der öffentlichen Fürsorge abzielen (vgl. Kapitel 3.2.1).

4.3.1 Definition von Selbstbestimmung

THEUNISSEN und PLAUTE zufolge kann Selbstbestimmung entweder als eine „individualistische Kategorie" oder als eine „soziale Kategorie" gesehen werden (THEUNISSEN, PLAUTE 1995, 51 ff.). Bei Selbstbestimmung als „individualistische Kategorie" geht es nur darum, die eigenen Bedürfnisse zu befriedigen. Andere Menschen bleiben dabei vollkommen unberücksichtigt. Im Gegensatz dazu meint Selbstbestimmung

---

[21] Ergänzend sei angemerkt, dass sich mit dem Beginn der Dienstleistungsgesellschaft in den 1970er Jahren die Bedeutung des Selbstbestimmungsbegriffs deutlich veränderte. Selbstbestimmung wurde bestimmt als vermeintlich freies Entscheiden zwischen vorgegebenen Dienstleistungen oder Waren. Individueller Spaß und Genuss sind maßgeblich; dies führt weg von der Idee der Autonomie der Aufklärung (KLAUß 2005, S. 3).

als „soziale Kategorie": „eigenverantwortliches Entscheiden und autonomes Handeln in der Beziehung zum Du" (THEUNISSEN und PLAUTE 1995, 53 ff.). Bei Selbstbestimmung als „soziale Kategorie" werden also auch andere Menschen und die Beziehung zu ihnen berücksichtigt.

Bei DREBLOW beinhaltet Selbstbestimmung im allgemeinen Sinne die individuelle Lebensgestaltung in allen Lebensbereichen. Die individuellen Ressourcen sollen erschlossen werden, damit der Mensch – ob mit oder ohne Behinderung – die Möglichkeit hat, möglichst viele ihn bzw. sein Leben betreffende Entscheidungen eigenverantwortlich zu bestimmen. In diesem Zusammenhang wird als Erziehungsziel genannt, jeder Persönlichkeit das höchstmögliche Maß an freien, selbstverantwortlichen Entscheidungen zu ermöglichen. Von besonderer Bedeutung ist dabei eine subjektorientierte Sichtweise, nach der jeder Mensch Experte in eigener Sache ist (DREBLOW 1999, S. 125 f.).

Daher sollen die persönliche Biographie sowie die eigene Lebensart der Ausdruck eigener Entscheidungen sein. Grundlegend sind dabei das Recht und der daraus resultierende Anspruch eines jeden, über sich und sein Leben eigenständig zu entscheiden. Dies beinhaltet nicht zuletzt auch die Entscheidungen darüber, „wie, wo und mit wem" jemand lebt, seine Freizeit verbringt oder arbeitet (ebd.).

Selbstbestimmung in der beschriebenen Form kann jedoch nur auf dem Hintergrund der Eingebundenheit des Einzelnen in die Gesellschaft erfolgen. So bleibt Selbstbestimmung immer eine relative; absolute Selbstbestimmung für alle Individuen ist nicht möglich. Es ist notwendig, aufeinander zuzugehen und sich zu einigen (DREBLOW 1999, S. 126).

4.3.2 Selbstständigkeit als Voraussetzung für eine selbstbestimmte Lebensführung?

Selbstbestimmung ist nicht gleichbedeutend mit Selbstständigkeit; es handelt sich vielmehr um zwei Seiten derselben Sache. Die beiden Begriffe sind eng miteinander verbunden, was jedoch nicht bedeutet, dass sie synonym verwendet werden können.

Nach DREBLOW ist unter Selbstständigkeit die Fähigkeit zum Ausführen physischer Aktivitäten zu verstehen, zum Beispiel: Ich habe Durst und möchte etwas trinken, also nehme ich ein Glas aus dem Schrank, fülle es mit Wasser, führe es zum Mund und trinke. Selbstbestimmung hingegen ist der eigene innere Entscheidungsprozess, zum Beispiel: Ich habe Durst und möchte etwas trinken; ich habe Apfelsaft, Wasser und Heißgetränke zur

Auswahl und entscheide mich für eine Apfelschorle. Dieser Entscheidungsprozess setzt keine Selbstständigkeit im beschriebenen Sinne voraus (DREBLOW 1999, S. 135 f.). Wenn von der Ausführung physischer Aktivitäten die Rede ist, liegt die Assoziation einer Körperbehinderung nahe. Doch kann z.b. auch jemand mit einer kognitiven (oder sonstigen) Beeinträchtigung aus unterschiedlichen Gründen in der Ausführung physischer Aktivitäten gehemmt sein.

Nach KLAUß lassen sich zwei Arten der Selbstbestimmung unterscheiden. Die eine Art besteht in der Befriedigung der Bedürfnisse in Form eigenen Handelns. Die andere Seite ist dadurch gekennzeichnet, dass jemand bei der Befriedigung seiner Bedürfnisse auf die Hilfe eines anderen angewiesen ist (KLAUß 2005, S. 4). Diese zentrale Unterscheidung findet sich auch bei SPECK, der von Abhängigkeit und Autonomie spricht (SPECK 1996, S. 15 ff.).

Es ist deutlich geworden, dass man nicht selbstständig (im physischen Sinne) sein muss, um selbstbestimmt leben zu können. Die Fähigkeit der eigenen Bedürfnisbefriedigung stellt zwar eine erhebliche Erleichterung für eine selbstbestimmte Lebensführung dar, ist jedoch keine Voraussetzung für diese.

4.3.3 Selbstbestimmung aus der Sicht der Betroffenen

Einen Grundstein in der gegenwärtigen Selbstbestimmungsdiskussion legte die Bundesvereinigung Lebenshilfe, die vom 27. 09. bis zum 01. 10. 1994 in Duisburg einen großen Kongress zum Thema Selbstbestimmung veranstaltete. Unter dem Motto „Ich weiß doch selbst, was ich will! Menschen mit geistiger Behinderung auf dem Weg zu mehr Selbstbestimmung" wurde zu diesem Thema eine Diskussion eingeführt, wie es sie zuvor in Deutschland noch nicht gegeben hatte (FRÜHAUF 1996, S. 8 f.).

Zielgruppe des Kongresses waren in erster Linie Betroffene, danach Fachleute und Eltern. Entsprechend wurden die Betroffenen bereits bei den Vorbereitungen einbezogen. Es wurde ein Programmkomitee gebildet, das Themen und Ideen für das Rahmenprogramm sammelte. Im Anschluss an den Kongress wurde eine Erklärung entworfen, in der die wichtigsten Selbstbestimmungsforderungen zusammengetragen wurden. Darin wird die Bedeutung der Selbstbestimmung aus der Sicht der Menschen mit Behinderungen definiert (siehe Abbildung 2) (ebd.).

Duisburger Erklärung

Vorbereitet vom Programmkomitee behinderter Menschen,
per Akklamation angenommen von den Teilnehmerinnen
und Teilnehmern des Kongresses

Wir möchten mehr als bisher unser Leben selbst bestimmen. Dazu brauchen wir andere Menschen. Wir wollen aber nicht nur sagen, was andere tun sollen. Auch wir können etwas tun!

Wir wollen Verantwortung übernehmen.
(Zum Beispiel in der Werkstatt nach der Pause pünktlich mit der Arbeit anfangen.)

Wir wollen uns auch um schwächere Leute kümmern. Auch schwerbehinderte Menschen können sagen, was sie wollen. Vielleicht nicht durch Sprache, aber man kann es im Gesicht sehen oder am Verhalten.
Niemand darf wegen seiner Behinderung benachteiligt werden.
(Zum Beispiel soll eine Familie mit behindertem Kind genauso wie andere eine Wohnung mieten können.)

Alle haben das Recht, am Leben der Gemeinschaft teilzunehmen.
(Zum Beispiel soll niemand in einer psychiatrischen Klinik wie im Gefängnis leben müssen. Sie ist kein Ort zum Leben.)

Jeder Mensch muss als Mensch behandelt werden!
(Zum Beispiel ist es nicht in Ordnung, wenn man behinderte Menschen abfüttert oder ihnen sagt, wann sie ins Bett oder zur Toilette gehen sollen.)

Wenn Politiker von Selbstbestimmung sprechen, heißt das nicht, dass sie damit Geld sparen können. Denn Selbstbestimmung heißt nicht, dass man ohne Hilfe lebt.

Selbst zu bestimmen heißt, auszuwählen und Entscheidungen zu treffen:

Wir möchten die Wahl haben, in welche Schule wir gehen: zusammen mit Nichtbehinderten in die allgemeine Schule oder in die Schule für Geistigbehinderte.

Wir möchten die Wahl haben, wo und wie wir wohnen: mit den Eltern, zu zweit oder mit Freunden, im Wohnheim, in einer Außenwohngruppe oder Wohngemeinschaft. Es soll auch Betreutes Wohnen geben.

Wir möchten so viel Geld verdienen, wie man zum Leben braucht.

Wir wollen überall dabei sein! Im Sport, in Kneipen, im Urlaub, wie jeder andere auch. Wir möchten über Freundschaft und Partnerschaft selbst entscheiden. Es soll leichter sein, sich zu treffen oder sogar zusammenzuleben.

Jeder lernt am besten durch eigene Erfahrung.

Eltern meinen es oft zu gut. Sie lassen uns nicht selbst probieren. Es ist ja nicht schlimm, wenn man Fehler macht und von vorne anfängt.

Betreuer sollen uns helfen, dass wir Dinge selbst tun können. Sie sollen sich mit Geduld auf behinderte Menschen einstellen. Wir wollen zusammenarbeiten, wir sind keine Befehlsempfänger.

> **Wie werden wir stark?**
>
> Wir können mehr, als uns zugetraut wird – zum Beispiel allein fortgehen oder mit der Bahn fahren. Das wollen wir zeigen; auch wenn man mal etwas gegen den Willen der Eltern oder der Betreuer tun muss.
>
> Wir wollen oft mit behinderten Menschen aus anderen Orten sprechen, um zu wissen, wie sie leben. So können wir vergleichen und sagen, was besser werden soll. Wir wollen Gruppen bilden, in denen wir miteinander reden können.

Abbildung 2: Duisburger Erklärung (entnommen aus BUNDESVEREINIGUNG LEBENSHILFE 1996, S. 10 f.)

4.4 Zur sozialen Abhängigkeit von Menschen mit kognitiver Beeinträchtigung

Jeder Mensch wird in einem Zustand völliger Abhängigkeit geboren. Mit fortschreitender Erziehung und Bildung löst er sich schrittweise von seinen sozialen Stützen und Trägern und wird zunehmend selbstständig. Denn

> „menschliche Entwicklung ist auf Zuwachs an Autonomie angelegt, auch die Entwicklung von Menschen mit geistiger Behinderung" (HAHN 1994, S. 81).

Trotz der in dieser Hinsicht gleichen Ausgangslage aller Menschen verläuft die Entwicklung von Menschen mit und ohne kognitive Beeinträchtigung in Bezug auf ihre Abhängigkeit unterschiedlich.[22] Dieses „Mehr an sozialer Abhängigkeit" (HAHN 1981) hat unter Umständen zur Folge, dass Menschen mit kognitiver Beeinträchtigung eine übermäßige Fremdbestimmung durch Betreuer, Erzieher, Therapeuten usw. erfahren, die als ungewollt und unnötig erlebt wird (HAHN 1994, S. 89). Birgit PLAEGE, eine Bewohnerin der Lebenshilfe Schenefeld, beschreibt dies mit den Worten:

> „Wenn man nichts selber machen kann oder nichts selber machen darf, dann hat man keine Möglichkeit, für sich selber eben den Schritt zu machen, sein eigenes Leben zu gestalten." (FILM DER BUNDESVEREINIGUNG LEBENSHILFE 1996)

---

[22] HAHN (1981) stellt fest, dass die soziale Abhängigkeit im Leben eines nicht behinderten Menschen in Kurven verläuft und mal höher, mal niedriger ist (besonders nach der Geburt bzw. als Kleinkind, im Laufe des Lebens in Folge von Krankheiten und im Alter). Demgegenüber ist das Leben von Menschen mit kognitiver Beeinträchtigung oftmals von einer dauerhaft (lebenslang) hohen sozialen Abhängigkeit gekennzeichnet.

Nach FORNEFELD ist es ein wesentliches pädagogisches Erziehungsziel, den Menschen zu einem „autonomen, vernunftgeleiteten Subjekt, das verantwortlich in der Gesellschaft zu handeln vermag", zu erziehen. Eine Voraussetzung dafür ist die Fähigkeit des Individuums zur Selbstreflexion. Und da Menschen mit schweren kognitiven Beeinträchtigungen diese Fähigkeit oftmals nicht entwickeln können, wird individuelle Entscheidungsfähigkeit von ihnen häufig gar nicht erst erwartet oder ihnen sogar abgesprochen (FORNEFELD 1996, S. 172 f.).

Nicht zuletzt aus diesem Grund wurden Förder- und Versorgungseinrichtungen geschaffen und ein soziales Netz aufgebaut, und häufig geht damit eine lebenslange Inobhutnahme einher. Natürlich gibt es Menschen, die dauerhaft auf diese Hilfe angewiesen sind. FORNEFELDs Kritik gilt nicht dem sozialen Netz an sich; sie weist jedoch darauf hin, dass dadurch die Gefahr übermäßiger Fremdbestimmung besteht (ebd.).

Die nachstehende Grafik (siehe Abbildung 3) bildet das u.a. von den Fachleuten konzipierte Hilfesystem und damit die Lebenssituation von vielen Menschen mit kognitiven Beeinträchtigungen ab.[23] Sie veranschaulicht, dass nicht die kognitive Beeinträchtigung an sich die Ursache mangelnder Selbstbestimmung ist; vielmehr tragen die soziale Abhängigkeit und die daraus entstehende Überbehütung und Infantilisierung dazu bei, dass das Abhängigkeitsverhältnis erhalten bleibt oder sogar verstärkt wird (HAHN 1994, S. 89; FORNEFELD 1996, S. 173). Es wird deutlich, dass die Bedingungen der Umwelt (Sichtweisen, unterschiedliche Hilfeformen usw.) erheblichen Einfluss auf die Selbstbestimmung von Menschen mit kognitiven Beeinträchtigungen haben.

---

[23] FINK spricht von der „Kolonisierung der Lebenswelten" (FINK 2005, S. 9).

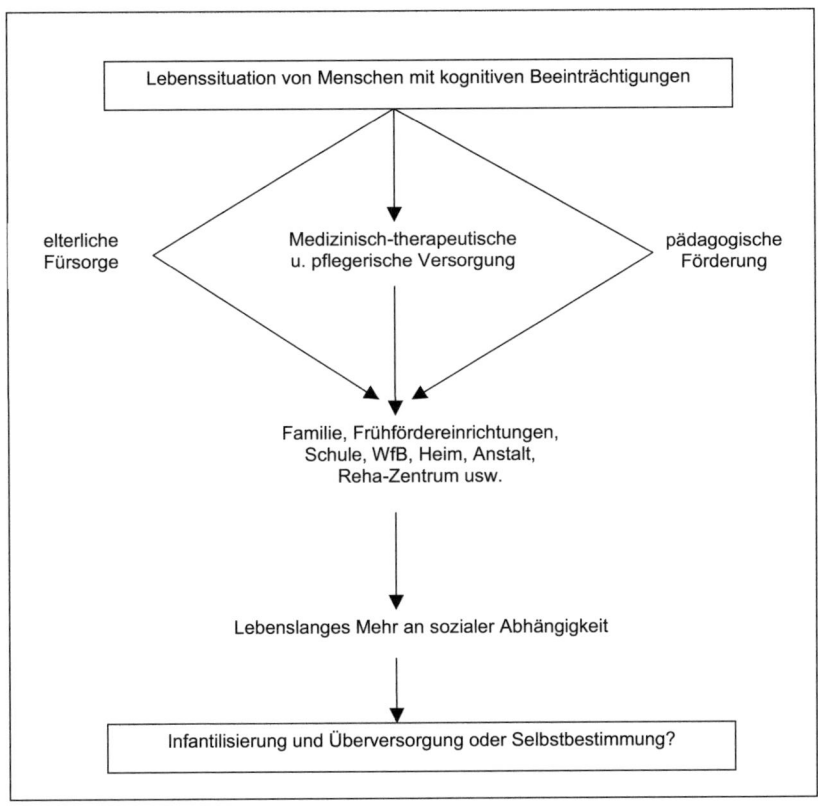

Abbildung 3: Zur Lebenssituation von Menschen mit kognitiven Beeinträchtigungen (Grafik erstellt in Anlehnung an FORNEFELD 1996, S. 173)

4.4.1 Praxisbeispiele

Da Menschen mit kognitiven Beeinträchtigungen häufig in hohem Maße auf Unterstützung angewiesen sind, ist ihr Leben von einem Mehr an sozialer Abhängigkeit gekennzeichnet. Durch das Leben in einer von der öffentlichen Fürsorge konstruierten Lebenswelt, in der häufig mehr am Menschen als mit dem Menschen gearbeitet wird und die geprägt ist von einer Rundum-Versorgung, besteht die Gefahr einer Überversorgung und Infantilisierung und damit der Fremdbestimmung der Betroffenen durch das Betreuungspersonal etc. (vgl. Kapitel 4.4). Wie leicht es zu einer Fremdbestimmung von Menschen mit kognitiver Beeinträchtigung durch das Betreuungspersonal kommen kann, sollen die zwei folgenden Praxisbeispiele anhand alltäglicher Geschehnisse zeigen.

Beispiel A:

An einem Wochenende beschlossen die Bewohner des Wohntrainingsbereichs,[24] eine Praktikantin und ich, gemeinsam einen Waldspaziergang inklusive eines Turmaufstiegs zu unternehmen. Als wir uns vorbereiteten, kam eine Bewohnerin in ihren neu erworbenen Schuhen, roten Pumps. Die Praktikantin wies sie darauf hin, dass sie eine ungünstige Schuhauswahl getroffen hatte, und erklärte ihr, dass der Waldboden noch sehr feucht sei und die Schuhe schmutzig werden könnten. Außerdem erklärte sie freundlich, dass dieses Schuhwerk mit hoher Wahrscheinlichkeit schmerzende Füße bereiten würde, da wir durchgängig bergauf marschieren würden. Die Praktikantin zeigte der Bewohnerin also die möglichen Konsequenzen auf und bat sie, die Schuhe zu wechseln.[25] Die Reaktion der Bewohnerin bestand darin, dass sie verstummte, nicht antwortete und zu Boden schaute. Nun hätten wir weiter auf sie einreden können und ihr, wie es allgemein häufig geschieht, damit drohen können, dass sie nicht mitwandern dürfe. Wir berieten uns kurz; ich erklärte der Praktikantin, dass ich der Meinung sei, die Bewohnerin solle die Schuhe ruhig anbehalten, selbst wenn sie Fußschmerzen bekäme oder/und die Schuhe kaputtgehen und schmutzig werden könnten. Wir könnten sie lediglich beraten und ihr die Folgen aufzeigen, wie wir es getan hatten, dürften sie aber nicht ihrer eigenen Erfahrungen berauben. Ob es nun darum ging, sich gegen uns durchzusetzen, einfach ihr neues Schuhwerk öffentlich zu zeigen oder ihren mitwandernden Partner zu beeindrucken, sie hatte das Recht auf ihren eigenen Willen und auch darauf, diesen durchzusetzen. Ich ging auf die Bewohnerin zu, erläuterte ihr meinen Standpunkt und schlug ihr vor, einfach für den Notfall noch andere Schuhe mitzunehmen. Das begründete ich damit, dass, falls ihr doch die Füße schmerzen würden, es den anderen gegenüber unfair wäre, die Wanderung deshalb abzubrechen. Sie ging auf den Vorschlag ein. Sie trug ihre neuen Schuhe während der ganzen Wanderung einschließlich des Turmaufstiegs (300 Stufen). Die Schuhe schienen ihr keine Probleme zu bereiten. Ob sie bei einer nächsten Wanderung wieder diese Schuhe anziehen wird oder doch andere, bleibt offen.

---

[24] Der Wohntrainingsbereich ist eine Gruppe in einer vollstationären Einrichtung, die die Bewohner auf ein selbstständiges Leben in einer eigenen Wohnung vorbereiten soll.

[25] Die Bewohnerin ist eine relativ selbstsichere, selbstständige und selbstbewusste junge Frau. Ihre kognitive Beeinträchtigung ist leichter Art, sie ist eine potentielle „Auszugskandidatin". Eine ihrer Schwierigkeiten liegt darin, sich durchzusetzen. Sie argumentiert selten gegen etwas, hat Hemmungen, ihre Bedürfnisse zu artikulieren, und auch Schwierigkeiten, sich abzugrenzen.

Beispiel B:

Ein Bewohner, der in einer Außenwohngruppe[26] lebt, hat eine starke Seh- und Hörschwäche. Seine zusätzliche kognitive Beeinträchtigung ist wie bei der Bewohnerin im ersten Beispiel leichter Art. Da seine Sinnesbeeinträchtigungen mit fortschreitendem Alter jedoch zunehmen, ist (aus Sicht der professionellen Helfer) in absehbarer Zeit ein Umzug ins Wohnheim zu erwarten. Er selbst möchte auf gar keinen Fall ins Wohnheim ziehen. Der Bewohner ist ein sehr bestimmender und willensstarker Mensch, der genaue Vorstellungen von den Dingen des Lebens, insbesondere seiner Zukunft hat. Da seine Sehstärke bei maximal 20% liegt, sieht er nur noch schemenhaft. Außerdem ist er extrem lichtempfindlich. Er wünscht sich eine Brille mit Sehstärke, automatischer Verdunklung (normale Brille und Sonnenbrille in einem), breitem Gestell, seitlichen Sichtblenden, innen entspiegelten und außen verspiegelten Gläsern (mit verspiegelt ist der modische Trend der 1980er Jahre, die so genannte Pilotenbrille, gemeint). Die Kosten für eine solche Brille betragen 350 € (Eigenanteil), das entspricht einem doppelten Monatseinkommen der betreffenden Person. Nachdem die Optikerin eindringlich von der Verspiegelung abgeraten hatte, weil diese eine zusätzliche Verdunkelung zur Folge hätte mit der Konsequenz, dass er gar nichts mehr sehen würde, legte ich ihm dasselbe nahe. Da ich den Bewohner bereits lange und recht gut kenne, bin ich mir sicher, dass er unsere Bedenken verstehen kann. Nichtsdestotrotz hält er an seinem Wunsch einer verspiegelten Brille fest. Wir führten nahezu täglich eine Diskussion darüber. Ich sagte ihm immer wieder, dass ich nicht verstünde, warum er so viel Geld für eine Brille ausgeben wolle, die im Endeffekt funktionslos für ihn sei. Parallel arbeiten wir derzeit aber an einer Alternative, nämlich an der Überlegung, eine einfache verspiegelte Sonnenbrille ohne Sehstärke zu kaufen, die erheblich kostengünstiger wäre. Denn er würde ohnehin weder mit dieser noch mit der oben beschriebenen Brillenvariante sehen können. Da ihm dies bewusst ist, denkt er noch darüber nach. Da der Bewohner außerhalb der ihm vertrauten Räumlichkeiten grundsätzlich ständiger Begleitung bedarf, erscheint ihm die Funktionsfähigkeit seiner Brille nebensächlich, während sie aus der Sicht eines Betreuers von großer Relevanz ist. Aus seiner Sicht erfüllt die von ihm gewünschte Brille aber die für ihn wichtigste Funktion, nämlich die der absoluten Verdunkelung (mit modischem Nebenaspekt). Es ist nicht in erster Linie seine Sehbeeinträchtigung, die ihm Schwierigkeiten bereitet. Damit hat er sich über die Jahre längst arrangiert und gelernt, sich auf seine eigene Art und Weise zu

---

[26] Außenwohngruppe bezeichnet eine Wohngruppe, die aus dem Wohnheimbereich ausgegliedert ist. Es handelt sich dabei um eine angemietete Wohnung. In diesem Fall leben hier vier Menschen in einer Wohngemeinschaft und werden vollstationär betreut.

orientieren, z.B. durch Tasten und Fühlen mit den Händen und Fingern; wenn er sich beispielsweise Kaffee in einen Becher gießt, hält er einen Finger an den Becherrand, um zu fühlen, wann die Tasse voll ist. Für ihn ist es vielmehr die Helligkeit, die er persönlich als Beeinträchtigung erlebt.

In den genannten Beispielen erfolgte keine Fremdbestimmung durch professionelle Helfer. [27] Da die Wünsche und Willensäußerungen kognitiv beeinträchtigter Menschen aber leicht übersehen werden, ist die **Bereitschaft** der professionellen Helfer, die Bedürfnisse der Betroffenen sensibel und aufmerksam zu ermitteln, von besonderer Bedeutung (vgl. KLAUß 2005, S. 4f.; BUNDESVEREINIGUNG LEBENSHILFE 1996, Film [Hervorhebung durch die Autorin]). Deshalb spielt der professionelle Helfer als das Gegenüber des Betroffenen eine erhebliche Rolle bei der Verwirklichung eines selbstbestimmten Lebens der Menschen mit kognitiver Beeinträchtigung. Darum ist ein Umdenken, eine neue Haltung des professionellen Helfers gegenüber dem Betroffenen notwendig (vgl. Kapitel 3.2.2).

4.4.2 Die Rolle des professionellen Helfers

Selbstverständlich dürfen die Betroffenen nicht sich selbst überlassen werden, und Förderung der Selbstbestimmung darf nicht mit einem prinzipiellen grenzenlosen Gewährenlassen verwechselt werden. Denn wenn ein Mensch mit kognitiver Beeinträchtigung beispielsweise das Bedürfnis hat, in ein Schwimmbecken zu springen, obwohl er nicht schwimmen kann, oder die Tafel Schokolade seines Mitbewohners nimmt, weil er sie essen will, verletzt der professionelle Helfer, wenn er ihn gewähren lässt, nicht nur die Betreuungspflicht der Einrichtung, verhält sich im höchsten Maße rechtswidrig und muss mit strafrechtlichen Konsequenzen rechnen sondern er vernachlässigt auch den „erzieherischen" Auftrag bzw. fördert keineswegs die Selbstbestimmung der Menschen mit kognitiver Beeinträchtigung.

Vielmehr geht es darum, den Betroffenen zwar Grenzen aufzuzeigen, ihnen jedoch die Möglichkeit zur Willens- und Bedürfnisäußerung zu geben, diese aufzugreifen und nach Möglichkeit entsprechend den Wünschen des Betroffenen umzusetzen. Es geht darum, mittels Kommunikation und sensibler Bedürfnisermittlung sowie mit Beratung und/oder Unterstützung

---

[27] Da es sich bei den genannten Fällen um „positive Beispiele" handelt, möchte die Autorin erläutern, dass es ihr nicht darum geht ihre pädagogischen Kompetenzen herauszustellen. Vielmehr muss darauf hingewiesen werden das es die Betroffenen selbst waren, die die Autorin in diesem Bereich sensibilisiert haben. Insbesondere ein Bewohner der vorwiegend in der Vergangenheit lebt und durch ausführliche Erzählungen immer wieder auf die von ihm erfahrene Fremdbestimmung in den 1970er Jahren aufmerksam macht.

durch den professionellen Helfer die Artikulation von Bedürfnissen zu fördern. Dabei spielt eine positive Beziehung zwischen den beiden Beteiligten eine wichtige Rolle. Ein verändertes Rollenverständnis des professionellen Helfers, von Über- und Unterlegenheit hin zu gleichrangigen Partnern, sollte wesentliches Merkmal der Beziehung sein und zu einem neuen Selbstverständnis des professionellen Helfers führen.

Natürlich sind diese Forderungen nicht immer einfach und kontinuierlich umzusetzen, gerade weil sie oftmals Entscheidungen im Grenzbereich[28] abverlangen und darüber hinaus der ständigen Reflexion der professionellen Helfer bedürfen. Dennoch sind sie die Basis dafür, dass Menschen mit kognitiver Beeinträchtigung Selbstbestimmung erreichen und ihnen damit die garantierten Grund- und sozialen Rechte zugestanden werden.

Die Missachtung von Selbstbestimmung kann erhebliche Auswirkungen haben. In der Fachliteratur werden z.B. autoaggressives (selbstverletzendes) und auffälliges Verhalten[29], Rückzug (Apathie) und Selbststimulation zunehmend als Ausdruck missachteter Selbstbestimmung interpretiert (vgl. THEUNISSEN, PLAUTE 1995, S. 60; KLAUß 2005, S. 4). In der Praxis werden solche „unerwünschten" Verhaltensweisen aber selten als Ausdruck mangelnder Selbstbestimmung gesehen und deshalb nicht verstanden. Aus der beruflichen Erfahrung berichtet die Autorin, dass Menschen, die sich zurückziehen und/oder apathisches Verhalten zeigen, in einer großen Gruppe häufig übersehen und von Mitarbeitern zum Teil sogar als „angenehm unkompliziert" wahrgenommen werden, während Menschen mit Verhaltensauffälligkeiten aufgrund einer gewissen Hilflosigkeit der Mitarbeiter oftmals zum Facharzt geschickt bzw. begleitet werden, wo dann häufig die medikamentöse Einstellung überprüft wird.

Selbstverständlich dürfen diese Erkenntnisse nicht pauschalisiert werden. So ist z.B. Selbstverletzung nicht zwangsläufig Ausdruck

---

[28] Im Ausflugsbeispiel A (vgl. 4.4.1) hätte es sich auch so entwickeln können, dass die Bewohnerin sich Verletzungen zuzieht (Sturz, Blasenbildung etc.). In einer solchen Situation liegt die Verantwortlichkeit auch immer bei dem Betreuer und so hätten im Extremfall z.B. die Eltern der Betroffenen, oder/und die Einrichtung fahrlässiges Verhalten vorwerfen können.

[29] Der Bewohner aus dem Praxisbeispiel B (vgl. Kapitel 4.4.1) zeigt ebenfalls gelegentlich selbstverletzendes Verhalten. Daneben beschädigt er auch seine Hilfsmittel (Brille, Hörgerät). Dieses Verhalten kommt insbesondere dann zum Ausdruck, wenn er den Eindruck hat, dass seine Willensbekundungen unbeachtet bleiben. Bei einem längeren Krankenhausaufenthalt wollte ein Pfleger seinem Wunsch ihm das Rasierzeug zu reichen nicht entsprechen. Dieser war der Meinung, dass der Bewohner sich nicht täglich rasieren müsse. Daraufhin flog die Brille durch das Zimmer und ein Glas wurde beschädigt.

mangelnder Selbstbestimmung, sondern unter Umständen auf andere, psychische Ursachen zurückzuführen. Auch Rückzug und Apathie können Merkmale spezieller Krankheitsbilder wie z.B. Autismus sein.

5 Das Persönliche Budget

Mit der Aufnahme des Persönlichen Budgets in das zum 01. 01. 2001 in Kraft getretene Sozialgesetzbuch IX schuf die rot-grüne Koalition in Berlin die rechtliche Grundlage dafür, dass Menschen mit Behinderungen bzw. mit einem gesetzlichen Hilfeanspruch diesen in Form Geldleistung oder von Gutscheinen (vgl. § 10 SGB XII) in Anspruch nehmen können. Seit dem 01. 01. 2008 besteht nun ein Rechtsanspruch der Leistungsberechtigten auf diese neue Art der Leistungsform (vgl. § 17 SGB IX bzw. § 57 SGB XII; BMAS 2008a, o. S.). Damit kam man auch den Forderungen der Selbsthilfebewegung nach, die das Persönliche Budget bereits seit über 15 Jahren forderte (vgl. WESTECKER 2007, S. 7; BMAS 2008a, o. S.).[30]

Mit der Einführung des SGB IX wurde also der Grundstein für ein bürgernahes Recht gelegt, das die individuelle Rechtsposition der Betroffenen stärkt und ihre Wunsch- und Wahlrechte erweitert (vgl. § 9 SGB IX). Bemessen am individuellen Hilfebedarf des Menschen mit Behinderung, sollen die zur Teilhabe am Leben in der Gesellschaft erforderlichen Unterstützungsleistungen in eigener Verantwortung eingekauft und organisiert werden können (vgl. WESTECKER 2007, S. 7; BMAS 2008a, o. S.). Bei Bedarf können Leistungen verschiedener Leistungsträger wie aus einer Hand als Komplexleistung in Form eines trägerübergreifenden Persönlichen Budgets zusammengeführt werden (vgl. § 17 Abs. 2 S. 3 SGB IX; PÖLD-KRÄMER 2004, S. 107; BMAS 2008a, o. S.).

Um die Besonderheiten dieser neuen Leistungsform und die sich daraus ergebenden Veränderungen zu verdeutlichen, werden im Folgenden zunächst die Rechtsverhältnisse im traditionellen Hilfesystem und im Persönlichen Budget erläutert. Dann werden innerhalb des Rechtsrahmens des Persönlichen Budgets die Voraussetzungen für dessen Inanspruchnahme, die teilnehmenden Leistungsträger sowie wesentliche Aspekte des gesamten Verfahrens in Anlehnung an die Budgetverordnung dargestellt und die mit der Einführung des Persönlichen Budgets verfolgten Ziele des Gesetzgebers erläutert. Anschließend werden die inzwischen abgeschlossene, gesetzlich vorgeschriebene praktische Erprobung des Budgets sowie die Ergebnisse der wissenschaftlichen Begleitforschung kurz vorgestellt. Dann werden die trotz des seit dem 01. 01. 2008 bestehenden Rechtsanspruchs noch offenen Fragen aufgezeigt, die möglicherweise eine gewisse Zurückhaltung der Betroffenen erklären; dies wird ergänzt durch einen kurzen Erfahrungsbericht eines

---

[30] In anderen Ländern wie z. B. den Niederlanden, Großbritannien und Schweden konnten bereits ausführliche Erfahrungen mit dem Persönlichen Budget gemacht werden (vgl. ARNTZ, SPERMANN 2004, S. 17).

Berufsbetreuers. Abschließend werden ein idealtypisches Bildungskonzept zum Persönlichen Budget dargestellt und die Ansätze des Bundesministeriums für Arbeit und Soziales zu einer verstärkten Öffentlichkeitsarbeit skizziert.

5.1 Zu den Rechtsverhältnissen: Sozialrechtliches Leistungsdreieck vs. Persönliches Budget

Das sozialrechtliche Leistungsdreieck, auch Sachleistungsmodell oder -prinzip genannt (siehe Abbildung 4), beschreibt die Rechtsverhältnisse zwischen dem Leistungsberechtigten (dem Menschen mit Behinderung), dem Leistungsträger (der Behörde, z. B. dem Sozialamt) und dem Leistungserbringer (z. B. dem Wohnheim) im traditionellen System der Eingliederungshilfe (KALK 2007, S. 8).

Zunächst einmal besteht ein Sozialleistungsverhältnis zwischen dem Leistungsberechtigten und dem Leistungsträger. Dieses gestaltet sich durch den Rechtsanspruch des Leistungsberechtigten (z. B. Sozialhilfe in Form von Eingliederungshilfe, § 8 Nr. 4 SGB XII) bzw. durch die Leistungspflicht des Leistungsträgers. Der Leistungsträger wird seiner Leistungspflicht gerecht, indem er Sachleistungen erbringt, z. B. einen Wohnheimplatz. Daneben hat er noch weitere Aufgaben zu erfüllen. Neben der Auskunfts- und Beratungspflicht (§§ 14, 15 SGB I) hat er dafür Sorge zu tragen, dass die Leistungserbringung zeitgemäß, umfassend und zügig erfolgt (§ 17 Abs. 1 Nr. 1 und 2 SGB I; WELTI 2007, S. 3).

Darüber hinaus gibt es eine rechtliche Verbindung zwischen dem Leistungsberechtigten und dem Leistungserbringer. Hierbei handelt es sich um verschiedene privatrechtliche Verträge wie z. B. einen Arbeitsvertrag, einen Werkstattvertrag (vgl. § 13 WVO) oder einen Heimvertrag (vgl. §§ 5 – 9 HeimG) etc.

Die prägnanteste und für das Sachleistungsprinzip charakteristischste Rechtsbeziehung entsteht jedoch zwischen dem Leistungsträger und dem Leistungserbringer. Sie kommt besonders in den so genannten Leistungs-, Vergütungs- und Prüfungsvereinbarungen zum Ausdruck (vgl. §§ 75 ff. SGB XII), in denen der Inhalt, die Qualität und die Vergütung sowie die Prüfung der Qualität und die Wirtschaftlichkeit der zu erbringenden Leistungen bestimmt werden (vgl. § 75 Abs. 3, Nr. 1 – 3 SGB XII). Diese Vereinbarungen zwischen dem Leistungsträger und dem Leistungserbringer machen sehr deutlich, dass der Leistungsberechtigte bei diesem Geschehen im Hintergrund steht. Vom Leistungsträger werden monetäre Leistungen erbracht, die direkt mit dem Leistungserbringer verrechnet werden. Der Leistungsberechtigte wird bestenfalls informiert (Windisch, 2006, S. 9).

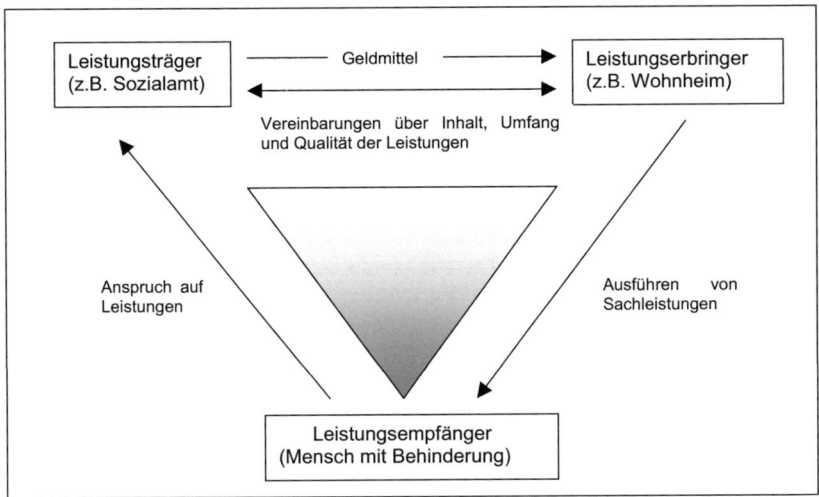

Abbildung 4: Das sozialrechtliche Leistungsdreieck (Abbildung erstellt in Anlehnung an PULS-HECKERSDORF 2007, o. S.)

Zwar findet im Rahmen des Bedarfsfeststellungsverfahrens auch ein Zusammentreffen zwischen Leistungsträger und Leistungsempfänger statt, eine Begutachtung in diesem Verfahren erfolgt jedoch durch das zuständige Gesundheitsamt. Somit beruht die Feststellung des Hilfebedarfs des Leistungsberechtigten auf den Einschätzungen und Feststellungen anderer Behörden oder/und des Leistungserbringers.

Das führt zwangsläufig dazu, dass der Leistungsträger, der Leistungserbringer, ggf. auch die Angehörigen oder/und der gesetzlich bestellte Betreuer des Leistungsberechtigten **über** den Menschen mit Behinderung reden, seinen Bedarf feststellen und die ihn betreffenden Maßnahmen und zu erbringenden Hilfeleistungen vereinbaren. Hier besteht besonders in Bezug auf Menschen mit kognitiver Beeinträchtigung die Gefahr der Fremdbestimmung durch die öffentliche Fürsorge (vgl. Kapitel 4). Denn anders als z. B. bei Menschen mit körperlichen Behinderungen, die aufgrund ihrer kommunikativen und kognitiven Kompetenzen eher die Möglichkeit haben, Einfluss auf den Feststellungsprozess zu nehmen, wird hier über den Kopf des Leistungsberechtigten hinweg und ohne dessen Einbeziehung bestimmt. Das bedeutet nicht, dass Menschen mit einer Körperbehinderung dieses Problem nicht hätten oder es einfacher, leichter oder besser hätten; das System ist für sie dasselbe. Die Kontrastierung soll jedoch deutlich machen, dass Behinderung nicht gleich Behinderung ist und dass die behinderungsspezifischen Merkmale durchaus bedacht werden müssen, denn wenn sie missachtet werden, sind Benachteiligungen, in diesem Fall die der Menschen mit kognitiver Beeinträchtigung, vorprogrammiert.

Mit dem Persönlichen Budget wird das klassische Leistungsdreieck aufgelöst; durch die sich neu konstituierenden Verhältnisse besteht kein unmittelbares Rechtsverhältnis mehr zwischen dem Leistungsberechtigten und dem Leistungserbringer (siehe Abbildung 5).[31]

Das Sozialleistungsverhältnis zwischen dem Leistungsträger und dem Leistungsberechtigten bleibt zwar wie bisher bestehen, jedoch verändert sich die Art der Leistungserbringung. Es werden keine Sachleistungen, sondern Geldleistungen oder in begründeten Fällen Gutscheine[32] erbracht (WELTI 2007, S. 1).

Da der Leistungsberechtigte nun in der Regel eine „Direktzahlung"[33] vom Leistungsträger erhält, wird er zum Kunden des Leistungserbringers, indem er die erforderlichen Hilfeleistungen persönlich einkauft. So bestehen zwischen dem Leistungsberechtigten und dem Leistungserbringer z. B. ein privatrechtlicher Dienstleistungsvertrag[34] und ein geradliniges Abrechnungsverhältnis.

---

[31] Dies ist allerdings anders, wenn das Budget ganz oder teilweise durch Gutscheine erbracht wird (vgl. WELTI 2007, S. 5 f.).
[32] Die Gutscheinvariante beeinträchtigt das angestrebte Ziel der Selbstbestimmung. Denn durch die Gutscheine wird der Leistungsinhalt notwendigerweise vorgeformt; zudem kann der Leistungsberechtigte Leistungen nur bei den Leistungserbringern erhalten, die diese Gutscheine akzeptieren, wodurch die Auswahl der Anbieter eingeschränkt wird. So entfallen die durch die Geldleistung beim Persönlichen Budget eröffneten Spielräume (vgl. WELTI 2007, S. 82; LACHWITZ 2005, S. 24).
[33] Das Persönliche Budget ist in England unter der Bezeichnung „Direct Payment" bekannt.
[34] WELTI weist darauf hin, dass ein Vertragsabschluss keinesfalls aufgrund einer Behinderung verweigert werden kann. Mit dem neuen Allgemeinen Gleichbehandlungsgesetz hat der Leistungsberechtigte „Rechte auf Vertragsabschluss und diskriminierungsfrei gestaltete Vertragsbeziehungen" (§§ 1, 19 AGG; WELTI 2007, S. 4).

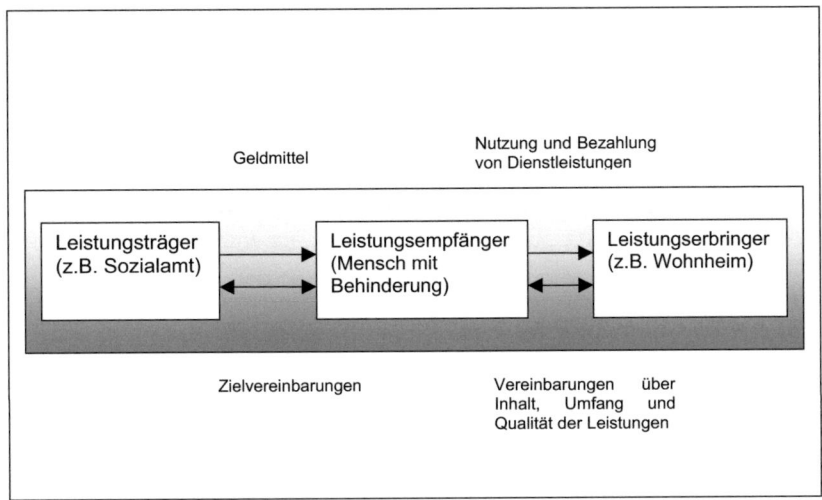

Abbildung 5: Modell beim Persönlichen Budget (Abbildung erstellt in Anlehnung an PULS-HECKERSDORF 2007, o. S.)

Durch das Persönliche Budget wird die Rolle des Leistungsberechtigten völlig neu definiert. Der Mensch mit Behinderung wird zum Kunden, Käufer oder Arbeitgeber, der durch einen Zugewinn an Wahlmöglichkeiten unter den Anbietern nicht nur ein größeres Mitspracherecht bezüglich des Leistungserbringers hat, sondern auch über Zeitpunkt und Art der Leistung entscheiden kann. Er kann also z. B. seinen Tagesablauf selbst bestimmen und somit unabhängiger leben (BMAS 2008a, o. S.).

Die neue Leistungsform steht für einen Paradigmenwechsel in der Behindertenpolitik und ist Ausdruck einer veränderten Haltung gegenüber den Betroffenen. Der Einstellungswandel weg von Fürsorge und Verantwortung hin zu Teilhabe und Selbstbestimmung spiegelt sich im Persönlichen Budget deutlich wider. Im Mittelpunkt steht der Mensch mit Behinderung und sein individueller Hilfebedarf (TRENDEL 2007, S. 4; BMAS 2008a, o. S.).

Allerdings weist das jahrzehntelang praktizierte Sachleistungsprinzip auch gewisse Vorteile für den Betroffenen auf. Zum einen bietet es ein hohes Maß an Versorgungssicherheit, zum anderen wird der Leistungsberechtigte im organisatorischen und verwaltungstechnischen Bereich erheblich entlastet (ebd.). Deshalb ist im Einzelfall immer eine individuelle Betrachtung und Abwägung des Für und Wider bezüglich der Art der Leistungsform sinnvoll. Diese Überlegungen müssen selbstverständlich zusammen mit dem Betroffenen und unter Einbeziehung seiner gesamten Lebenssituation angestellt werden.

5.2 Der Rechtsrahmen des Persönlichen Budgets

Das Persönliche Budget ist im § 17 SGB IX (Ausführung von Leistungen, Persönliches Budget) verankert. Da das SGB IX aber kein Leistungsgesetz ist, leitet sich der Rechtsanspruch aus dem § 57 SGB XII (Trägerübergreifendes Persönliches Budget) ab (vgl. WELTI 2008, S. 7 ff.). Die Ausführung von Persönlichen Budgets, deren Inhalt, das Verfahren sowie die Zuständigkeit der beteiligten Leistungsträger sind in der Budgetverordnung (BudgetV) vom Mai 2004 geregelt. Selbstverständlich gelten für das Persönliche Budget wie für alle Gesetze des Sozialgesetzbuches die Regelungen des SGB I (Allgemeiner Teil) und des SGB X (Sozialverwaltungsverfahren und Sozialdatenschutz).

5.2.1 Voraussetzungen

Das Persönliche Budget ist für alle Menschen mit Behinderungen oder drohenden Behinderungen im Sinne des § 2 Abs. 1 SGB IX zugänglich, unabhängig von der Art und Schwere der Behinderung. So ist dafür weder die Geschäftsfähigkeit nach § 104 BGB oder die Fähigkeit zur Selbstbestimmung erforderlich. Vielmehr sieht der Gesetzgeber in den §§ 1, 17 Abs. 2 SGB IX vor, den Menschen „in eigener Verantwortung ein möglichst selbstbestimmtes Leben zu ermöglichen".[35]

---

[35] LACHWITZ weist darauf hin, dass weder der Begriff der Eigenverantwortlichkeit noch der der Selbstbestimmung im Gesetz näher ausgelegt wird. Hier sieht er gerade in Bezug auf Menschen mit kognitiver Beeinträchtigung eine gewisse Problematik, denn wenn der Begriff der Eigenverantwortlichkeit in der Praxis erst ausgelegt werden müsse, seien Konflikte vorprogrammiert. Zur Verdeutlichung führt er zwei verschiedene Sichtweisen von Eltern an: Es gebe „die Eltern, die sagen, mein Kind kann lernen, mit Persönlichen Budgets umzugehen, und die Eltern von ganz schwer bzw. mehrfach behinderten Menschen, die sagen: Unsere Töchter und Söhne werden das nie können, sie können keine eigenen Entscheidungen treffen" (LACHWITZ 2005, S. 24). Diese Diskussionen werden natürlich auch innerhalb der Behindertenverbände geführt.

Deshalb wäre es nach WELTI unvereinbar, „die Forderungen nach Selbstbestimmung als Einschränkung der Leistungsvoraussetzung zu interpretieren" (WELTI 2007, S. 1 f.; BMAS 2008a, o. S.).

5.2.2 Die beteiligten Leistungsträger

Die Leistungen, die in Form eines Persönlichen Budgets gewährt werden können, beziehen sich auf Teilhabeleistungen.[36] Darüber hinaus können aber auch andere Leistungen wie z. B. Hilfe zur Pflege (§§ 61-66 SGB XII) einbezogen werden. Maßgeblich ist, dass es sich um alltägliche und regelmäßig wiederkehrende Bedarfe handeln muss (vgl. § 17 Abs. 2 S. 4 SGB IX).[37]

Der § 17 SGB IX wurde seit seiner Einführung mehrfach überarbeitet und z.b. der Begriff der „Regiefähigkeit" gestrichen. Diese bedeutet nach Auffassung der Bundesarbeitsgemeinschaft der überörtlichen Träger der Sozialhilfe des Landschaftsverbandes Westfalen-Lippe (BAGüS des LWL), dass der Leistungsberechtigte durch die „Leistung des Persönlichen Budgets hinsichtlich seiner Teilhabe und Selbstbestimmung gegenüber der klassischen Leistungserbringung eine Verbesserung seiner persönlichen Lebenssituation bewusst wahrnehmen kann" (BAGüS LWL 2004, o.S.). Trotzdem besteht die Gefahr, dass Menschen mit kognitiver Beeinträchtigung von der Nutzung Persönlicher Budgets ausgeschlossen werden, was nach LACHWITZ „wiederum eine neue Form der Diskriminierung wäre" (LACHWITZ 2005, S. 24).

[36] Teilhabeleistungen sind Leistungen zur medizinischen Rehabilitation, zur Teilhabe am Arbeitsleben und zur Teilhabe am Leben in der Gemeinschaft (BMAS 2008b, S. 6).

[37] Alltägliche und regelmäßig wiederkehrende Bedarfe sind z. B. Hilfe bei der Körperpflege, der Nahrungsaufnahme etc. Zwar können auch Einmalleistungen erbracht werden, aber Hilfsmittel wie z. B. eine ganz spezielle Sehhilfe oder ein Hörgerät etc. zählen in der Regel nicht dazu, auch wenn man eine uneingeschränkte Sicht oder ein funktionierendes Gehör durchaus als Voraussetzung für die alltägliche Lebensbewältigung sehen könnte. Interessanterweise gab es im Zuge der Modellerprobungen einen Fall, bei dem in der Zielvereinbarung der Erwerb eines Navigationssystems (zur besseren örtlichen Orientierung) festgelegt wurde. Darüber, inwiefern heute, außerhalb der Modellerprobungen, solche Vereinbarungen getroffen werden und ob die geringe Beteiligung (am Persönlichen Budget) von Menschen mit einer körperlichen Behinderung (vgl. Kapitel 5.4) mit dem Ausschluss von Hilfsmitteln aus dem „Leistungskatalog" zusammenhängen (die einen häufigen Bedarf dieser Personengruppe darstellen), können hier keine Aussagen gemacht werden.

Bei einem Persönlichen Budget können folgende Leistungsträger beteiligt sein:

- Krankenkasse,
- Pflegekasse,
- Rentenversicherungsträger,
- Unfallversicherungsträger,
- Träger der Alterssicherung der Landwirte,
- Träger der Kriegsopferversorgung/-fürsorge,
- Jugendhilfeträger,
- Sozialhilfeträger,
- Integrationsamt,
- Bundesagentur für Arbeit (vgl. § 2 BudgetV; BMAS 2008b, S. 6).[38]

5.2.3 Das Verfahren

Um ein Persönliches Budget zu erhalten, ist eine Antragstellung notwendig.[39] Der Antrag kann bei allen beteiligten Leistungsträgern sowie den gemeinsamen Servicestellen gestellt werden. Dies gilt auch im Falle eines trägerübergreifenden Persönlichen Budgets, bei dem zwei oder mehr Leistungsträger beteiligt sind (BMAS 2008b, S. 7 f.).[40]

Nach der Antragstellung erfolgt das vom Leistungsträger durchzuführende Bedarfsfeststellungsverfahren, in dem der individuelle Hilfebedarf des Menschen mit Behinderung ermittelt wird.[41] Werden zu

---

[38] Zwischen den am Budget beteiligten Leistungsträgern besteht das Rechtsverhältnis eines Gesetzlichen Auftrags nach § 93 SGB X (WELTI 2007, S. 6).
[39] Wenn jemand z. B. bereits Eingliederungshilfe nach dem Sachleistungsprinzip erhielt, erfolgte zum 01. 01. 2008 keine automatische Umstellung auf das Persönliche Budget. Das Erfordernis der Antragstellung verdeutlicht das Recht des Leistungsberechtigten, zwischen der Leistungsgewährung nach dem Sachleistungsprinzip und dem Persönlichen Budget zu wählen (§ 17 Abs. 1 SGB IX; WELTI 2007, S. 3).
[40] Das Persönliche Budget kann allein, aber auch neben stationären und ambulanten Sozialleistungen bewilligt werden (BMAS 2008a, o. S.), d.h. als Kombination von Leistungen aus dem traditionellen Hilfesystem und dem Persönlichen Budget.
[41] Der Leistungsträger ist dafür verantwortlich, durch das Bedarfsfeststellungsverfahren und die im Folgenden erläuterte Zielvereinbarung die Zwecke und Ziele der Leistungen festzustellen. Darüber hinaus muss er entscheiden, in welchem Maße er dem Leistungsberechtigten im Sinne der Selbstbestimmung („in eigener Verantwortung", § 17 Abs. 2 S. 1 SGB IX) einen Teil seiner Verantwortung überträgt. Unter Beachtung der Wirksamkeit und Wirtschaftlichkeit hat der Leistungsträger darauf zu achten, dass die ihm zur Verfügung stehenden öffentlichen Mittel nur für notwendige Teilhabeleistungen verwendet werden (§ 4 Abs. 1 SGB IX). Damit wird der Leistungsberechtigte aber auch vor „Überforderung und Übervorteilung" geschützt (WELTI 2007, S. 2 f.).

diesem Zeitpunkt bereits Leistungen bezogen und ist das Ziel der Antragstellung die Umstellung vom Sachleistungsprinzip auf das Persönliche Budget, geht es weniger um eine Bedarfsermittlung, da diese bereits erfolgt ist, als um die Festlegung der Preise für den Einkauf bestimmter Leistungen.[42] Am Hilfeplangespräch (Budgetkonferenz) nehmen dann der Leistungsberechtigte, bei Bedarf zusammen mit einer Person seines Vertrauens, und der/die beteiligte/n Leistungsträger teil. Ziel ist eine gleichberechtigte, auf Augenhöhe stattfindende Vereinbarung der Leistungsziele (ebd.).

Handelt es sich nun nicht um ein „einfaches" Persönliches Budget (ein beteiligter Leistungsträger), sondern um ein trägerübergreifendes[43] (mindestens zwei beteiligte Leistungsträger), stellt sich die Frage der Koordinierung der Leistungserbringung. Grundsätzlich liegt die Verantwortung dafür bei dem Leistungsträger, bei dem der Antrag eingegangen ist (vorausgesetzt, er ist in Form einer Teilleistung involviert). Dieser

---

[42] Allerdings „soll die Höhe des Persönlichen Budgets die Kosten aller bisher individuell festgestellten, ohne das Persönliche Budget zu erbringenden Leistungen nicht überschreiten" (§ 17 Abs. 3 S. 4 SGB IX). An dieser Aussage wurde bereits mehrfach Kritik geübt, weil damit eine Obergrenze bestimmt wird. Wenn sich bei dem Leistungsberechtigten z. B. durch Alter ein bestimmter Mehrbedarf entwickelt, stellt sich die Frage, wie dieser dann abgedeckt werden kann. Das BMAS betont jedoch, dass durch das „soll" die Flexibilität erhöht wurde und im Einzelfall oder zum Anschub des Übergangs von stationären zu ambulanten Wohnformen durchaus höhere Kosten übernommen werden können. Das Bedarfsdeckungsprinzip stehe an oberster Stelle (BMAS 2008a, o. S.). – Nach FINK haben aber auch das Verhandlungsgeschick des Leistungsberechtigten (bzw. ihrer Vertrauenspersonen, Betreuer etc.) und der finanzielle Zustand der öffentlichen Haushalte einen gewissen Einfluss auf die Bemessung des jeweiligen Budgets (FINK 2005, S. 9 f.). Da Menschen mit einer kognitiven Beeinträchtigung selten über Verhandlungsgeschick oder ein umfangreiches Repertoire an Verhandlungstechniken verfügen, gewinnt die Unterstützung durch Dritte immense Bedeutung.

[43] Wie oben bereits gesagt wurde, handelt es sich beim trägerübergreifenden Persönlichen Budget um eine Zusammenführung von Leistungen verschiedener Leistungsträger, die als Komplexleistung erbracht werden sollen. Bisher existierte im SGB IX eine Komplexleistung nur im Bereich der Frühförderung, bei der die Sozialhilfeträger und die Krankenkassen gemeinsame Leistungen erbringen sollten (§§ 30, 56 SGB IX; LACHWITZ 2005, S. 22). LACHWITZ gibt hierzu folgendes Beispiel: „Ein schwer mehrfach körperbehinderter Mensch hat einen Assistenten. Dieser Assistent hat mehrere Funktionen. Wenn der körperbehinderte Mensch arbeitet und mit seinen Händen nicht in der Lage ist, die Verrichtung des täglichen Lebens selbst vorzunehmen, dann wird er im Verlauf des Tages z. B. gefüttert. Auch bekommt er Arbeitsgeräte zugereicht oder kann gewisse Handreichungen, die für seine Arbeit notwendig sind, delegieren" (LACHWITZ 2005, S. 23). Diese Assistenzleistungen werden in der Regel von einer Person erbracht, sie betreffen aber zwei unterschiedliche Leistungsbereiche (Pflege und Teilhabe am Arbeitsleben). Hier wird besonders deutlich, wie wichtig es ist, leistungsträgerübergreifend zu arbeiten (ebd.).

Leistungsträger wird damit zum „Beauftragten" (§§ 14 Abs. 1, 10 Abs. 1 SGB IX und § 3 BudgetV) und ist automatisch verpflichtet, binnen zwei Wochen sowohl seine sachliche als auch seine örtliche Zuständigkeit zu überprüfen.
Ist der Leistungsträger nicht zuständig, muss er den Antrag unverzüglich an den aus seiner Sicht zuständigen Leistungsträger übergeben, der damit der zukünftige Beauftragte für das weiterführende Verfahren wird. (Ist der zuerst aufgesuchte Leistungsträger durch eine Teilleistung beteiligt, bleibt er der Beauftragte.)

Der Beauftragte ist verpflichtet, die an dem trägerübergreifenden Persönlichen Budget beteiligten Leistungsträger zu unterrichten und von ihnen eine Stellungnahme einzufordern. Die Stellungnahme muss Aussagen enthalten über
- den Bedarf, der durch budgetfähige Leistungen gedeckt werden kann, unter Berücksichtigung des Wunsch- und Wahlrechts des behinderten Menschen,
- die Höhe des Persönlichen Budgets als Geldleistung oder durch Gutscheine,
- den Inhalt der Zielvereinbarung sowie
- den Beratungs- und Unterstützungsbedarf (vgl. § 3 BudgetV; BMAS 2008b, S. 8).

Ist der Hilfebedarf festgestellt worden, wird zwischen dem Leistungsträger und dem Budgetnehmer eine „Zielvereinbarung" geschlossen. Diese ist inhaltlich darauf ausgerichtet, die individuellen Förder- und Leistungsziele festzuhalten. Hier wird außerdem geregelt, wie der Nachweis zur Deckung des Bedarfs erbracht sowie die Qualität gesichert wird (§ 4 BudgetV). Zielvereinbarungen müssen individuell (personen- und leistungsspezifisch) und so konkret wie möglich formuliert werden. Sie sollen „spezifisch, messbar, anspruchsvoll, realistisch und terminiert sein" (BMAS 2008b, S. 8).[44]

---

[44] Die Vorgabe, dass die Zielvereinbarungen (öffentlich-rechtlicher Vertrag über Sozialleistungen) bzw. ihre Inhalte so präzise wie möglich formuliert sein müssen, kann damit begründet werden, dass es sich bei den darin enthaltenen Verabredungen um bestehende Leistungsansprüche handelt, die nicht zum Vertragsgegenstand gemacht werden dürfen (§ 53 Abs. 2 SGB X; WELTI 2007, S. 3).

Der abschließende Bewilligungsbescheid erfolgt bei einem Persönlichen Budget durch den zuständigen Leistungsträger.[45] Bei einem trägerübergreifenden Persönlichen Budget wird er vom Beauftragten im Namen aller beteiligten Leistungsträger gefertigt, wobei die tatsächliche Leistungserbringung durch den Beauftragten erfolgt.[46]

Der Leistungsberechtigte ist nach § 17 Abs. 2 S. 5 SGB IX für einen Zeitraum von sechs Monaten an seine Entscheidung gebunden. Ist die Leistungsausführung in Form eines Budgets jedoch unzumutbar (z. B. aufgrund der persönlichen Lebenssituation des Leistungsberechtigten), kann sie mit sofortiger Wirkung schriftlich gekündigt werden (§ 4 Abs. 2 BudgetV). Entsprechend ist ein Wechsel in die übliche Hilfeform jederzeit möglich (BMAS 2008a, o. S.).

5.3 Die Ziele des Persönlichen Budgets

Hinsichtlich der Vorstellungen über die Ziele des Persönlichen Budgets lassen sich zwei Positionen erkennen. WINDISCH (2006) bringt diese mit dem Titel seiner Veröffentlichung „Nutzerorientierung oder Sparzwang", der die aktuelle Diskussion widerspiegelt, auf den Punkt.

Die individuumszentrierte Zielvorstellung lässt sich als eine Stärkung des Selbstbestimmungsrechts, also ein Mehr an Selbstbestimmung und Selbstständigkeit, gleichberechtigte Teilhabe am alltäglichen Leben der Gesellschaft und eine höhere Zufriedenheit mit der eigenen Lebenssituation sowie eine Steigerung der Lebensqualität der Menschen mit Behinderung beschreiben (BMAS, 2008a, o. S.).

Dem stehen Finanzierungsfragen gegenüber; so wird das Persönliche Budget auch als ein Instrument zur Kosteneinsparung und -senkung diskutiert (vgl. HANSEN 2006, S. 15). Das BMAS weist darauf hin, das manche Menschen mit Behinderungen sogar befürchten, das Persönliche Budget könnte zu einer Kürzung von Leistungsansprüchen führen (BMAS 2008b, S. 14). Und eine Kostensenkung zu Lasten der Menschen mit Behinderungen liegt natürlich jenseits des Auftrags und des Verständnisses

---

[45] Bei der Bewilligung ist der Bedarf des Budgetnehmers an Beratung und Unterstützung zu klären und zu berücksichtigen. Ist diese nicht gegeben (z. B. durch Angehörige, Betreuungspersonal, örtliche Beratungsstellen) und sind andere dem Budgetnehmer zugängliche und zumutbare Beratungs- und Unterstützungsangebote nicht ausreichend, können und müssen die dafür erforderliche Aufwendungen berücksichtigt werden (vgl. § 10 SGB IX, BMAS 2008a, o. S.).

[46] Da die Bescheide rechtsmittelfähig sind, kann der Budgetnehmer im Ernstfall Widerspruch und Klage gegen den Leistungsträger einlegen.

der Sozialen Arbeit, die sich auf die Interessen, Bedarfslagen, Rechte etc. der Betroffenen konzentriert (HANSEN 2006, S. 14).

HANSEN weist jedoch darauf hin, dass der Sparzwang im Kontext der heutigen Verhältnisse betrachtet werden müsse. Er betont, dass die Kritik an der Ausgestaltung sozialer Hilfen sich nie einseitig auf Finanzierungsfragen konzentriert, sondern sich vielmehr auf die Bürokratisierung der sozialen Leistungen, ihre hierarchische Organisationsstruktur etc. bezogen habe. Zwar finde diese Argumentation mit Blick auf die leeren öffentlichen Kassen und die ganzen Kostensenkungsprogramme einen gewissen Nährboden, und es scheine, als würde eine „Rechnung aufgemacht, die die Qualität der Leistungen, die Güte des Sozialstaats und den Stand der Solidarität an der Summe der ausgegebenen Mittel misst" (HANSEN 2006, S. 15), dennoch zeige die Vergangenheit, dass es immer auch darum gegangen sei, wie und wofür Mittel eingesetzt werden (ebd.).

Da sowohl bei den Kosten als auch bei den Empfängern der Eingliederungshilfe für Menschen mit Behinderungen ein erheblicher Anstieg mit weiter steigender Tendenz zu verzeichnen ist (siehe Tabelle 3), bildet der Kostenfaktor zwangsläufig einen wichtigen Aspekt in der Diskussion. Darüber hinaus will der Gesetzgeber das Persönliche Budget aber auch als ein Instrument zur Steuerung bzw. zum effizienten Einsatz der Mittel[47] und zum Ausbau ambulanter Versorgungsstrukturen[48] einsetzen.

---

[47] In vollstationären Einrichtungen sind in einer Gruppe von Bewohnern, die alle annähernd die gleichen Kosten für den Heimplatz zahlen oder finanziert bekommen, häufig erhebliche Ungleichheiten oder die Nicht-Inanspruchnahme von Leistungen zu beobachten. Das „All-Inclusive-Paket" (WACKER 2005a, S. 16) trägt eher den Anforderungen der Einrichtung als denen der Leistungsberechtigten Rechnung. Ein Beispiel für ein unterschiedliches Maß an Leistungserbringung bei gleichem Leistungseinkauf: Um den Gruppenalltag im Rahmen der Möglichkeiten eines Betreuers zu bewerkstelligen, müssen bei den anfallenden Tätigkeiten Prioritäten gesetzt werden. Vorrang haben neben der Verpflegung der Bewohner häufig die Körperpflege und die Raumhygiene. Sind dann noch Kapazitäten frei, kann auf die individuellen Bedarfe der Bewohner eingegangen werden (dies ist meist nur am Wochenende möglich). Deshalb erhalten Menschen mit einem höheren Unterstützungsbedarf, die z. B. bei der täglichen Pflege und der Nahrungsaufnahme Hilfe benötigen, regelmäßiger und in höherem Maß als andere die notwendige Unterstützung. In Fällen, wo der Unterstützungsbedarf z. B. primär im Bereich der psycho-sozialen Beratung angesiedelt ist, erfahren die Betroffenen häufig eine gewisse Unterversorgung. Denn bevor sich ein Betreuer die Zeit nimmt, sich eine halbe Stunde mit dem Betroffenen zusammenzusetzen und mit ihm ein Gespräch zu führen, sorgt er erst einmal für die Grundversorgung der anderen Bewohner. Hier wird auch offensichtlich, dass die Prioritäten des Betreuungspersonals (also der Einrichtungen) nicht zwangsläufig denen der verschiedenen Bewohner entsprechen. – Ein Beispiel für die Nicht-Inanspruchnahme von Leistungen: Bei einem Bewohner, der sich größtenteils allein

	1996	2006	Anstieg
Hilfeempfänger	420.000	643.0000	53%
Nettoausgaben	6,4 Milliarden €	10,5 Milliarden €	64%

Tabelle 3: Statistik zur Eingliederungshilfe für Menschen mit Behinderungen (Grafik erstellt in Anlehnung an das STATISTISCHE BUNDESAMT 2007)

5.4 Ergebnisse der Erprobung und der wissenschaftlichen Begleitforschung

Bei der Einführung des § 17 SGB IX sah der Gesetzgeber eine dreieinhalbjährige Erprobungsphase des Persönlichen Budgets vor, die im Zeitraum vom 1. Juli 2004 bis zum 31. Dezember 2007 stattfand (§ 17 Abs. 6 SGB IX). Die bundesweite Erprobung erfolgte in 14 Modellregionen in acht Bundesländern. Die ausgewählten Gebiete waren:

- Bayern: München und Mittelfranken,
- Berlin: Friedrichshain/Kreuzberg,
- Hessen: Kreis Groß-Gerau und Marburg-Biedenkopf,
- Nordrhein-Westfalen: Düsseldorf und Bielefeld,
- Rheinland-Pfalz: Trier-Saarburg, Stadt Trier, Bernkastel-Wittlich,
- Sachsen-Anhalt: Magdeburg mit umliegenden Landkreisen,
- Schleswig-Holstein: Kreis Segeberg und Schleswig-Flensburg und
- Thüringen: Gera (vgl. METZLER 2007, S. 4; BMAS 2008b, S. 10).

Es sollten Verfahren zur Bemessung von budgetfähigen Leistungen in Geld entwickelt, die Versorgungsstrukturen weiterentwickelt, die Bereitschaft zur Inanspruchnahme des Persönlichen Budgets differenziert erhoben sowie Beratung und Unterstützung, Fortbildungen, Informations-,

---

beschäftigt, indem er eigenen Hobbys und Interessen nachgeht, insgesamt weniger Unterstützungsbedarf aufweist oder sich schlichtweg den Gruppenangeboten entzieht, weil sie ihn nicht ansprechen, er sich mit seinen Mitbewohnern nicht in der Öffentlichkeit zeigen möchte oder aber er mit dem Stressfaktor in einer großen Gruppe aus psychischen Gründen nicht umgehen kann, beschränkt sich die Leistungsnutzung häufig auf die Basisversorgung der Einrichtung wie z. B. den Wohnraum und die Ernährung. Dabei ist es häufig fraglich, ob die betreffende Person wirklich angemessen versorgt ist bzw. ob angesichts der Beschränkung auf die Minimalversorgung die Kosten einer vollstationären Unterbringung gerechtfertigt sind und ob die Person nicht unter Umständen von einer individuellen Versorgung in Form selbst ausgewählter (ambulanter) Hilfen eher profitieren würde.

[48] Weil die Betroffenen zu Käufern, Kunden oder Arbeitgebern werden, deren Wünsche erhebliche Auswirkungen auf die Versorgungslandschaft haben dürften, prognostiziert die BMAS anhand der Entwicklungen in Rheinland-Pfalz Veränderungen in den Versorgungsstrukturen (insbesondere im ambulanten Bereich) in den Kommunen und Landkreisen (BMAS 2008a, o. S.).

Erfahrungs- und Meinungsaustausch durchgeführt werden. Darüber hinaus bestand bundesweit die Möglichkeit, auch außerhalb der genannten Modellregionen ein Persönliches Budget in Anspruch zu nehmen. Hier entschied dann die jeweilige Behörde nach eigenem Ermessen über die Bewilligung des Antrags. Die wissenschaftliche Begleitung und Auswertung der Erprobung erfolgte durch die Universität Tübingen, die Universität Dortmund und die Fachhochschule Reutlingen (ebd.).

Zum Stichtag 14. 05. 2007 lagen insgesamt 547 bewilligte und dokumentierte Persönliche Budgets (PB) vor, die in die wissenschaftliche Auswertung einflossen. Diese Zahl setzte sich zusammen aus 494 PBs in den und 53 PBs außerhalb der Modellregionen.[49] Trotz der Vielzahl der möglichen Leistungsträger wurden 98% der PBs in der Zuständigkeit der Sozialhilfeträger bewilligt (METZLER 2007, S. 9; BMAS 2008a, o. S.).

→ Die geschlechtliche Verteilung war mit 54% männlichen und 46% weiblichen Budgetnehmern (BN) sehr ausgeglichen.

→ Von den BN waren
  - 46% Menschen mit psychischer Behinderung,
  - **31% Menschen mit kognitiver Behinderung**,
  - 19% Menschen mit körperlicher Behinderung.
  (Von allen Budgetnehmern waren 2/3 der Menschen schwerbehindert im Sinne des Schwerbehindertengesetzes.)

→ Die Mehrheit der BN (77%) lebte zum Zeitpunkt der Erhebung in einer eigenen Privatwohnung, meist allein, seltener mit einem Partner oder Kindern.

→ 29% der BN waren als arbeitsuchend gemeldet.

→ 28% der BN arbeiteten in einer Werkstatt für behinderte Menschen (WfBM). Unter den Beschäftigten bildeten Menschen mit kognitiven Behinderungen die deutlich größte Personengruppe.

→ 14% nutzten das PB zum Auszug aus stationären Wohnformen bzw. zur Stabilisierung in einer ambulant betreuten Wohnform. Diese erhebliche Veränderung der Wohnsituation wurde mit den BN im Vorfeld im Rahmen der Zielvereinbarungen festgelegt.

---

[49] Lediglich 44 davon waren trägerübergreifende Persönliche Budgets (TPB), davon 31 in den und 13 außerhalb der Modellregionen (ebd.).

→ Insgesamt wurden 1058 Leistungen bewilligt, die hauptsächlich im Bereich der Eingliederungshilfe der Sozialhilfe lagen. Zu den am häufigsten in Anspruch genommenen Leistungsarten zählten:
  - ambulante Eingliederungshilfe im häuslichen Bereich,
  - Leistungen zur Teilhabe am Leben in der Gemeinschaft,
  - Leistungen zu Mobilität,
  - Schulassistenz/Schulbegleitung,
  - Leistungen zur medizinischen Rehabilitation (Frühförderung),
  - Hilfe zur Pflege,
  - Hilfe zum Besuch einer Hochschule,
  - familienunterstützende Dienste,
  - sonstige Einzelleistungen.

→ Die bewilligten Leistungen bezogen sich mehrheitlich – in 66% der Fälle – auf nur eine Leistungsart, bei 24% auf zwei und bei 10% auf drei oder mehr verschiedene Leistungsarten (METZLER 2007, S. 12ff.; BMAS 2008a, o. S).

5.5 Gleiche Chancen auf ein Persönliches Budget für alle Leistungsberechtigten?

Angaben des Statistisches Bundesamtes zufolge lebten im Jahr 2003 in Deutschland ungefähr 6.639.000 Menschen mit einer Schwerbehinderung (vgl. STATISTISCHES BUNDESAMT 2003).[50] Allerdings ist davon auszugehen, dass längst nicht alle Betroffenen staatlicher Hilfe bedürfen oder ihre Rechtsansprüche auf Unterstützungsleistungen geltend machen. In den allgemeinen Zahlen zu den Eingliederungshilfen aus dem Jahr 2001 wurden 555.000 Hilfeempfänger erfasst. 73% dieser Menschen lebten in vollstationären Einrichtungen und nur 27% außerhalb solcher Einrichtungen (ebd.). Eine ähnliche Verteilung zeigt sich bei den erwachsenen Empfängern von Wohnhilfen in Form von Eingliederungshilfe für Menschen mit Behinderungen: Hier erhielten im Jahr 2002 von den insgesamt 202.000 Personen 80% (162.000 Personen) stationäre Hilfen in einem Wohnheim für behinderte Menschen und nur 20% (40.000 Personen) ambulante Hilfen im Betreuten Wohnen (vgl. DEUTSCHER VEREIN FÜR ÖFFENTLICHE

---

[50] Diese Statistik erfasst allerdings nicht alle Betroffenen, sondern nur Personen, die gemäß § 2 Abs. 2 SGB IX als schwerbehindert gelten, bei denen also ein Behinderungsgrad von wenigstens 50% vorliegt, und die den Schwerbehindertenausweis gemäß § 69 SGB IX in Verbindung mit der Schwerbehindertenausweisverordnung beantragt haben. Die tatsächliche Zahl der Menschen mit Behinderung lässt sich nur schätzen, denn eine „Meldepflicht" für eine Behinderung gibt es nicht. Schätzungen zufolge beläuft sich der Anteil auf ca. 10% der Gesamtbevölkerung.

FÜRSORGE 2003 zit. n. WANSING 2006, S. 148). Neben dem deutlichen Ungleichgewicht zwischen stationären und ambulanten Leistungsangeboten zeigen diese Zahlen auch die Lebenssituation eines Großteils der Menschen mit kognitiver Beeinträchtigung und/oder einem hohen Unterstützungsbedarf, da diese die vorrangigen Nutzer dieser Leistungen sind (WANSING 2006, S. 149).

In Anbetracht dessen, dass all diese Personen die rechtlichen Voraussetzungen für die Inanspruchnahme eines Persönlichen Budgets erfüllen, erscheint die Zahl von 547 beantragten und bewilligten Persönlichen Budgets sehr gering.

Interessant ist, dass 77% der Budgetnehmer in eigenen Privatwohnungen lebten. Und im Rahmen der Modellprojekte wurde nur in einer Region das Persönliche Budget im vollstationären Bereich erprobt. So erklärt sich nicht nur die geringe Zahl von Menschen mit kognitiven Beeinträchtigungen unter den Budgetnehmern, sondern es stellt sich auch die Frage, ob das Persönliche Budget allen Menschen mit Behinderungen gleichermaßen zugänglich ist. Theoretisch und rechtlich ist das zwar der Fall, aber in der Praxis scheint es nach den Ergebnissen der wissenschaftlichen Begleitung nicht so zu sein. Denn schließlich dominieren unter allen Budgetnehmern diejenigen mit einem niedrigeren Unterstützungsbedarf (vgl. Kapitel 5.4, 77 % der Budgetnehmer leben in einer Privatwohnung).

In der Fachliteratur werden verschiedene Problematiken behandelt, die als Gründe für die geringe Zahl von Menschen mit kognitiver Beeinträchtigung unter den Budgetnehmern diskutiert werden können.

Wie bereits deutlich geworden ist, lebt ein Großteil der Betroffenen in Einrichtungen. Angesichts der körperlichen und seelischen Begleitfolgen langjähriger vollstationärer Versorgung (Hospitalismus) muss deren Einfluss auf die Bereitschaft bzw. die Fähigkeit der Betroffenen, Bedürfnisse zu ermitteln und zu äußern, bedacht werden. In diesem Zusammenhang war im Rahmen der Modellerprobung „Personenbezogene Unterstützung und Lebensqualität" (vollstationärer Bereich) zu beobachten, dass diese Personengruppe zum Teil erhebliche Schwierigkeiten hatte, die Idee des Persönlichen Budgets zu verstehen; häufig wurde es als eine zusätzliche Leistung wahrgenommen (ZWISCHENBERICHT PerLe 2006, S. 10). Daneben fiel es den meisten Betroffenen zunächst sichtlich schwer, sich mit einer Kundenrolle zu identifizieren (FERDANI 2007, S. 2).

Eine weitere, bereits häufig diskutierte und in der Praxis bestätigte Problematik ergibt sich in Bezug auf die Interessenverteilung. Bei der Leistungsform des Persönlichen Budgets besteht die Gefahr von Interessenkonflikten verschiedener Art, von denen zwei im Folgenden kurz dargestellt werden.

a.) Durch die häufig sehr enge familiäre Bindung von Menschen mit kognitiver Beeinträchtigung ist auch die Eltern-Kind-Beziehung von besonderer Emotionalität geprägt. Eltern und Angehörige fühlen sich lebenslänglich verantwortlich und sind nicht selten der Meinung, dass es ohne sie nicht funktioniert. Ihre Ängste und Unsicherheiten bezüglich des Persönlichen Budgets äußern sich z. B. in dem kritischen Einwand, dass die Leistungsform möglicherweise ein Einsparungsmodell sei. Daneben werden fehlende Verlässlichkeit bzw. der Mangel an langfristiger Sicherheit beanstandet (WESTECKER 2007, S. 3 f.). Damit ist sicherlich auch die Sorge einer Vereinsamung der Eltern verbunden, da diese sich von Anfang verstärkt und dauerhaft um das Wohl ihrer Kinder bemüht haben und darin zum Teil auch eine Art Lebensaufgabe gefunden haben, deren möglicher Verlust weitere Ängste schürt. Zugespitzt formuliert steht hier die „Überfürsorglichkeit" der Eltern einer unabhängigen Lebensführung der Betroffenen entgegen.

b.) In Bezug auf den Mitarbeiter einer Einrichtung sind die von ihm zu erfüllenden Aufgaben zu bedenken. Der Mitarbeiter ist Arbeitnehmer, Fachkraft, Vertrauensperson, Assistent und ggf. Budgetberater (dies kristallisierte sich zumindest im Modellprojekt „Personenbezogene Unterstützung und Lebensqualität" als zusätzliche Aufgabe heraus) (PULS-HECKERSDORF 2007, o. S.). Das folgende Beispiel soll deutlich machen, dass der Mitarbeiter sich unter Umständen in einem ständigen Rollenkonflikt befindet:
Der Mitarbeiter der Einrichtung X ist Bezugsbetreuer des Bewohners Y, der in einer vollstationären Einrichtung lebt und einen Teil der ihm zustehenden Leistungen in Form eines Persönlichen Budgets erhält. Nun möchte Bewohner Y gern ins Kino gehen und fragt seinen Betreuer, was der Eintritt kostet, wie er zum Kino gelangt und ob er nicht vielleicht mit dem netten Nachbarn von nebenan gehen kann. Der Mitarbeiter wird als Vertrauensperson und Budgetberater tätig, indem er als solcher angesprochen wird und die nötigen Informationen einholt. Dabei stellt er sich unter Umständen auch die Frage, ob er, wenn er den Bewohner Y und auch andere zur Nutzung externer Dienstleister auffordert und sie dabei unterstützt, nicht vielleicht seinen eigenen Arbeitsplatz gefährdet. Möglicherweise gibt es sogar eine latente Vorgabe des Arbeitgebers, die Nutzung externer Dienstleister in Grenzen zu halten und für eine ausgeglichene Nutzung des Budgets für

interne und externe Dienstleistungen zu sorgen, weil man sich das aus betriebswirtschaftlicher Perspektive nicht anders leisten kann und der Mitarbeiter sich sonst zunehmend überflüssig macht. Im Modellprojekt „Personenbezogene Unterstützung und Lebensqualität" kam es bereits im Vorfeld der Modellerprobung zu einer Stellreduzierung, um das Projekt überhaupt zu beginnen (NUẞBICKER 2007, Begleit-DVD).

WACKER et al. (2005b) weisen in ihrem Modellprojekt auch darauf hin, dass aus der Perspektive der Betroffenen die Inanspruchnahme externer Unterstützungspersonen als Vertrauensbruch gegenüber den Mitarbeitern ausgelegt werden könnte. Entsprechend könnten psychologische Hemmschwellen entstehen (WACKER et al. 2005b, S. 144). Ferner stellt sich aber auch die Frage nach der Manipulation der Betroffenen durch Eltern, Mitarbeiter einer Einrichtung oder gesetzliche Betreuer.

Dieser Problemkomplex kann hier nicht in allen Einzelheiten erörtert werden, doch zeichnen sich hier bereits deutlich Interessenkonflikte und unbeantwortete Fragen ab, die nicht unberücksichtigt bleiben dürfen. Andernfalls bleibt die reale Chance auf mehr Selbstbestimmung für Menschen mit kognitiver Beeinträchtigung durch ein Persönliches Budget ungenutzt, und das bisherige Abhängigkeitsverhältnis (Fremdbestimmung) ändert lediglich seinen Namen. Eine selbstbestimmte Lebensführung der Betroffenen darf keinesfalls vom Wohlwollen der professionellen Helfer, Angehörigen etc. abhängen.

5.6 Erfahrungsbericht eines Berufsbetreuers

Der Rechtsanspruch auf das Persönliche Budget besteht bereits seit dem 01. 01. 2008. Wie ist die Resonanz darauf? Wie ist das Interesse der Betroffenen? Dazu wurde ein Berufsbetreuer befragt, der 20 Klienten betreut.[51] Die wichtigsten Punkte aus diesem interessanten und zum Teil überraschenden Praxisbericht werden im Folgenden wiedergegeben.

Auf die Frage, ob die von ihm betreuten Klienten schon Interesse an dem Persönlichen Budget bekundet haben und ob einige schon die neue Leistungsform in Anspruch nehmen, antwortete der Berufsbetreuer mit einem klaren Nein. Auch die anderen Berufsbetreuer des Landkreises, in dem er tätig ist, hätten keinerlei entsprechende Anfragen seitens der Klienten

---

[51] In dem Landkreis, in dem die befragte Person als Berufsbetreuer tätig ist, leben insgesamt 165.000 Einwohner, von denen ca. 2.600 durch gerichtlich bestellte Vertreter (Berufsbetreuer, Betreuungsverein, ehrenamtliche Betreuer) betreut werden.

zu verzeichnen.[52] Ihm zufolge haben sich die Dinge ganz anders entwickelt als erwartet. Er hat die Erfahrung gemacht, dass der Kostenträger ein großes Interesse an der Nutzung des Persönlichen Budgets hat. So erlebte er bereits in einigen Hilfeplangesprächen, z. B. bei einem Klienten, der aus der Jugendhilfe entlassen wurde und im Anschluss Eingliederungshilfe für Menschen mit Behinderung beantragen wollte, dass der Grundsatz „ambulant vor stationär"[53] (§ 13 SGB XII) sehr genau befolgt wird. Das ist zwar nichts Neues, doch erfüllte der Hilfeempfänger in diesem Fall die Leistungsvoraussetzungen für eine vollstationäre Hilfe. Während der Berufsbetreuer aufgrund seiner langjährigen Erfahrung eine ihm zufolge in so einem Fall „klassische Leistungsgewährung in Form einer vollstationären Hilfe" prognostiziert hätte, unterbreitete der Kostenträger diesmal ein anderes Angebot: Im Hilfeplangespräch wurde gemeinsam überlegt, welche Hilfen benötigt werden und wie diese in ambulanter Form erbracht werden können. Der Berufsbetreuer veranschaulichte das mit einem bewusst vereinfachten Beispiel:

> „Es wird eine Summe genannt, sagen wir mal 2500 €, und dann wird geschaut, wie man damit den Hilfebedarf des Betroffenen durch ambulante Hilfen deckt. Der Kostenträger möchte eben auch sehen, ob der ambulante Dienst X auf Anfrage die gewünschte Hilfe für die Summe Y erbringt."

Zwar wurde hier kein Persönliches Budget beantragt oder/und gewährt, dennoch wurden lediglich ambulante Leistungen vereinbart. Hier wird sozusagen der Budgetgedanke im Sachleistungsprinzip verfolgt.[54] Die Frage, ob Kollegen dieselbe Erfahrung gemacht hätten, bejahte er.

---

[52] Der regelmäßige Informationsaustausch zwischen den Berufsbetreuern erfolgt größtenteils über so genannte Berufsbetreuerforen (vierteljährliche Treffen).

[53] CONTY zufolge ist der Grundsatz „ambulant vor stationär" bereits seit 1963 im BSHG verankert, jedoch habe man sich in der Vergangenheit weniger um die Entwicklung ambulanter Dienste für Menschen mit kognitiver Beeinträchtigung (oder schwerstmehrfacher Behinderung) bemüht. Vielmehr hätten einige Leistungsträger diesbezüglich sogar eine gewisse Verweigerungshaltung gezeigt. Mitverantwortlich dafür waren nach WACKER auch die Unklarheiten bezüglich der Zuständigkeit zwischen örtlichen und überörtlichen Trägern. Letztlich existiert eine unvollständige Angebotsstruktur, deren Ausbau laut CONTY sehr zeitintensiv ist und die sicherlich nicht kurzfristig entwickelt werden kann (vgl. CONTY 2005, S. 40; WACKER et al. 2005b, S. 110).

[54] Wie bereits herausgestellt wurde (vgl. Kapitel 5.2.3), hat der Leistungsberechtigte ein Wahlrecht zwischen der Leistungserbringung nach dem Sachleistungsprinzip und dem Persönlichen Budget. Dieses darf vom Leistungsträger nicht untergraben oder der Berechtigte z. B. durch materielle Vorteile (Mehrleistung) beeinflusst werden; die einheitlichen Kriterien bei der Bedarfsfeststellung sollen auch der Neutralität seitens der Leistungsträger dienen (§ 17 Abs. 3 und 4 SGB IX; WELTI 2007, S. 3).

Auf die Frage, ob er ein ähnliches Vorgehen bei Klienten erlebt habe, die bereits vollstationäre Hilfen erhalten, antwortete der Berufsbetreuer, das habe er bisher noch nicht beobachtet; auch von anderen habe er davon noch nicht gehört.

Schließlich wurde der Berufsbetreuer gefragt, wie er sich die Zurückhaltung der Betroffenen in Bezug auf das Persönliche Budget erklärt und ob er dieses bewusst anbietet. Er erläuterte, dass er den Grund in der mangelnden Informationspolitik sehe. Denn es könne kein Anreiz entstehen, wenn die Betroffenen ihre neuen Möglichkeiten gar nicht kennten. Darüber hinaus sieht er einige seiner Klienten nicht in der Lage, ihr Budget eigenständig zu verwalten; nicht umsonst hätten sie einen gesetzlichen Betreuer. Außerdem gebe es zahlreiche ungeklärte Fragen, besonders hinsichtlich der Budgetassistenz.[55] Das würde ihn zwar grundsätzlich nicht

---

[55] Menschen mit einer kognitiven Beeinträchtigung bedürfen häufig einer Budgetassistenz auch im Sinne einer umfassenden Budgetberatung, die sie z. B. bei Einkauf, Koordination und Abrechnung der Leistungen unterstützt. Wer diese Budgetassistenz übernimmt, ist jedoch selten geklärt. Hier müssen deshalb Angebote entstehen, die es bisher noch nicht gab. Doch selbst wenn Angebote existieren, heißt das noch nicht, dass sie auch genutzt werden. Im Modellprojekt „Personenbezogene Unterstützung und Lebensqualität" hat sich gezeigt, dass die Teilnehmer die externe Budgetassistenz (im genannten Modellprojekt wird hier auch von Budgetberatung gesprochen) kaum in Anspruch genommen haben. Dies hatte unterschiedliche Gründe, hing aber in jedem Fall stark mit der Beziehungskomponente zusammen. Die Teilnehmer bevorzugten bei der Budgetassistenz einen Betreuer der Einrichtung, der für sie eine Vertrauensperson darstellte. Dies spiegelt deutlich das Bedürfnis nach Vertrautheit, Sicherheit und Bekanntheit wider. Die Mitarbeiter befinden sich hier jedoch in einem Interessenkonflikt, da sie ihren eigenen Arbeitsplatz gefährden, wenn sie externe Dienstleister empfehlen (ZWISCHENBERICHT PerLe 2006, S. 10 f.). – Hat ein Leistungsberechtigter einen gesetzlichen Vertreter, liegt es nahe, diesen als Budgetassistenten einzusetzen. Dies ist aber nach den Vorschriften des BGB, das die gesetzliche Grundlage im Betreuungsrecht bildet, nicht ganz einfach. Der § 181 BGB (Insichgeschäft) bestimmt, dass ein Betreuer bei Vertragabschlüssen nicht auf beiden Seiten tätig werden darf. Er könnte sich also in seiner Rolle als Vertreter des Betreuten nicht gleichzeitig selbst als Budgetassistenten beauftragen. Die Übernahme der Budgetassistenz durch den Betreuer wäre nur möglich, wenn für den Vertragsabschluss ein Verhinderungsbetreuer (§ 1899 Abs. 4 BGB) bestellt würde. Nach WELTI gehen die Meinungen hierüber auseinander. Er sieht die erste Möglichkeit als rechtswidrig; zu der Regelung über den § 1899 Abs. 4 BGB nimmt er nicht Stellung (vgl. LÜTGENS 2006, S. 18; WELTI 2007, S. 90). – Ist der Betreute geschäftsfähig, könnte er mit dem Betreuer einen privatrechtlichen Vertrag schließen, in dem er für eine bestimmte Summe als Budgetassistenten beauftragt (§§ 1821, 1822 BGB). Dabei handelt es sich um eine zusätzlich zu vergütende Tätigkeit des Betreuers; die beiden Betreuertätigkeiten sind getrennt voneinander zu betrachten. Diese Lösung könnte jedoch von den Vormundschaftsgerichten als moralisch bedenklich gesehen werden, da der Betreuer den zu Betreuenden beispielsweise bei der Höhe der Vergütung beeinflussen kann (BIENWALD 2002,

daran hindern, einem Betroffenen das Persönliche Budget zu erklären oder es für ihn zu beantragen, aber es lade ihn auch nicht unbedingt dazu ein.

5.7 Bildung und Öffentlichkeitsarbeit

Es ist festzuhalten, dass es in Bezug auf das Persönliche Budget, insbesondere das trägerübergreifende Persönliche Budget noch offene Fragen gibt und dass dabei, wie bereits aus dem Erfahrungsbericht des Berufsbetreuers hervorgegangen ist, die Informationspolitik eine wichtige Rolle spielt.

Im Bielefelder Modellprojekt „Personenbezogene Unterstützung und Lebensqualität" (PerLe) wurde dem Informationsbedarf und der zielgerichteten Bildung der Budgetnehmer besondere Bedeutung beigemessen. Denn um die Lebensqualität zu steigern und vor allem um die Selbstbestimmung zu erhöhen, ist es notwendig, dass die Budgetnehmer zunächst einmal wissen, worüber sie eigentlich selbst bestimmen können (WACKER et al. 2005b, S. 80).[56]

WACKER et al. (2005b) benennen daher als eine erste Phase die der Entscheidungsfindung. In dieser muss zunächst das Persönliche Budget als eine freiwillige Leistungsform, also als eine Wahlmöglichkeit, erläutert werden. Neben dem Unterschied zwischen dem Sach- und dem Geldleistungsprinzip sollten auch deren Vor- und Nachteile herausgestellt werden. Im Fokus steht hier, die Kernidee „mehr Entscheidungsspielräume bei der Auswahl von Unterstützungsleistungen" (WACKER et al. 2005b, S. 80) mit Hilfe anschaulicher Arbeitsmaterialien und in leicht verständlicher Sprache zu vermitteln.

Weitere Informationsangebote sollen nicht nur die neue Rollenverteilung der Akteure (vgl. Kapitel 5.1) beleuchten, sondern hauptsächlich darauf ausgerichtet sein, dass die Budgetnehmer sich die Ziele und Aufgaben des Persönlichen Budgets, stärkere Eigenverantwortung und mehr Selbstbestimmung (vgl. Kapitel 5.3), in unterstützter Eigenarbeit erschließen.

S. 1063, zit. n. LÜTGENS 2006, S. 18). WELTI ergänzt, dass der Betreuer nach § 1901 Abs. 5 S. 2 BGB dazu verpflichtet ist, Umstände, die eine Erweiterung seines Aufgabenkreises erfordern, dem Vormundschaftsgericht mitzuteilen, das dann, falls erforderlich, seinen Aufgabenkreis erweitert (§ 1908d Abs. 3 BGB) (WELTI 2007, S. 90).

[56] Bei der im Folgenden erläuterten Budgetbildung handelt es sich eine idealtypische Vorstellung. Die hier vorgestellten Bedingungen können nur in den seltensten Fällen vollständig erfüllt werden. Es geht hier vor allem darum, einige wesentliche Aspekte der Budgetbildung herauszustellen. Zusätzlich müssen natürlich die individuellen Fähigkeiten der potentiellen Budgetnehmer berücksichtigt werden.

Denn gerade bei Budgetnehmern mit einer kognitiven Beeinträchtigung, die in einer vollstationären Einrichtung leben, ist dieser Lernprozess mit einem starken Umdenken verbunden. Das Leben in einem Heim stellt den mit Abstand größten Kontrast zum Leben mit einem Persönlichen Budget dar. So kann diese Umorientierung für Menschen mit einer kognitiven Beeinträchtigung zu einer doppelten Herausforderung werden, besonders bei einem jahre- oder sogar jahrzehntelangen Leben in einer Großeinrichtung, in der beispielsweise aufgrund institutioneller Gegebenheiten und einer pauschalen Rundum-Versorgung nur begrenzte Erfahrungen mit einer selbstbestimmten Lebensführung gesammelt werden konnten.

Die gesamte Organisation und Durchführung der konzipierten Angebote muss nach WACKER et al. (2005b) durch unterstützende Hilfen und einen lebensnahen Rahmen (lebensweltliche Perspektive) darauf ausgerichtet sein, wichtige Voraussetzungen wie z. B. „Handlungs-, Sozial- und Kommunikationskompetenzen" zu entwickeln. Das bedeutet „in erster Linie eine authentische, die Bedingungen und Anforderungen der Lebenswirklichkeit widerspiegelnde Bildungsarbeit sowie die Zusammenarbeit mit den Bezugspersonen vor Ort" (WACKER et al. 2005b, S. 81). Um die nach dem Bildungskonzept gewünschten Fortschritte und Veränderungen zugunsten der Budgetnehmer und deren erfolgreiche Budgetnutzung bestmöglich zu fördern, ist eine auf (dem) Empowerment basierende Haltung der jeweiligen Kursleiter, Betreuer und Helfer (vgl. Kapitel 3.2.2) notwendig (WACKER et al. 2005b, S. 82).

Im Modellprojekt PerLe wurden in Zusammenarbeit mit der Selbsthilfeinitiative People First e. V. sehr anschauliche und in leicht verständlicher Sprache abgefasste Materialien für eine angemessene, subjekt- und zukunftsorientierte Arbeit im Bereich der Budgetbildung entwickelt. Auszüge aus diesen Materialien zu der Frage „Was ist ein Persönliches Budget?" aus dem allgemeinen Fortbildungskonzept zum Persönlichen Budget der von Bodelschwinghsche Anstalten Bethel sind im Anhang wiedergegeben. Diese Materialien basieren auf dem oben vorgestellten Konzept.

Die Bedeutung der Informationspolitik ist auch der Bundesregierung bewusst, die darum die Öffentlichkeitsarbeit zum Thema Persönliches Budget verstärken möchte.
Vorgesehen sind Flyer, Broschüren, Plakate und Anzeigenkampagnen in leicht verständlicher Sprache, außerdem Bundesfachtagungen für Mitarbeiter von Servicestellen, Integrationsfachdiensten, Integrationsämtern und den Behindertenverbänden der Bundesrepublik sowie gesetzliche Betreuer (BMAS 2008a, o. S.).

6 Zu den Selbstbestimmungsmöglichkeiten der Menschen mit kognitiver Beeinträchtigung im Bereich der Freizeitgestaltung: Traditionelles Hilfesystem vs. Persönliches Budget

In diesem Kapitel werden die Selbstbestimmungsmöglichkeiten der Menschen mit kognitiver Beeinträchtigung im Bereich der Freizeitgestaltung in den beiden Systemen Sachleistungsprinzip und Persönliches Budget vorgestellt. Die Darstellung basiert auf ausgewählten Ergebnissen aus den beiden folgenden Untersuchungen: SEIFERT/FORNEFELD/KOENIG (2001), „Zielperspektive Lebensqualität: Eine Studie zur Lebenssituation von Menschen mit schwerer Behinderung im Heim" und WACKER/WANSING/SCHÄFERS (2005b), „Personenbezogene Unterstützung und Lebensqualität, Teilhabe mit einem Persönlichen Budget". Da diese beiden Studien sich schon allein hinsichtlich ihrer jeweiligen Hintergründe (z.B. Zeitraum, Dauer, Betroffenenzahlen, Untersuchungsziele etc.) erheblich unterscheiden, kann hier kein konkreter Vergleich vorgenommen werden. Während die Ergebnisse der erstgenannten Studie die Alltagswirklichkeit vieler Betroffener widerspiegeln, handelt es sich bei der zweiten Untersuchung um ein Modellprojekt, das in der Erprobungsphase des Persönlichen Budgets durchgeführt wurde und somit nur begrenzte Aussagen zulässt oder Tendenzen erkennen lässt. Hinzu kommt, dass das PerLe-Projekt bundesweit einzigartig ist; es gibt keine anderen Erprobungen zum Persönlichen Budget im vollstationären Bereich der Behindertenhilfe. Darüber hinaus waren im PerLe-Projekt nur bestimmte Leistungen budgetfähig, d. h. hier wurde kein absolutes Persönliches Budget gewährt, sondern dieses wurde auf die folgenden Bereiche eingegrenzt: „Aufrechterhaltung und Förderung sozialer Kontakte, Teilnahme an Bildungsangeboten, Teilnahme an kulturellen Angeboten, Mobilität, Freizeit/Erholung und psychosoziale Unterstützung" (WACKER et al. 2005b, S. 122). Da beide Untersuchungen sich auf Menschen mit kognitiver Beeinträchtigung im vollstationären Bereich beziehen und der Selbstbestimmung Betroffener durch das Konzept „Zielperspektive Lebensqualität"[57] zentrale Bedeutung beimessen, sind sie für die in dieser Arbeit angestrebte Gegenüberstellung der Selbstbestimmungsmöglichkeiten besonders geeignet.

---

[57] Das Konzept „Zielperspektive Lebensqualität" als neueres Konzept der Sozialforschung befasst sich mit objektiven und subjektiven Einschätzungen der Lebensbedingungen einer Person. Lebensqualität definiert und erlebt jeder Mensch anders, deshalb wird dem individuellen Wohlbefinden einer Person besondere Bedeutung beigemessen. Ziel des Konzeptes ist die Steigerung der Lebensqualität. Da mangelnde Selbstbestimmungsmöglichkeiten erheblichen Einfluss auf das Wohlbefinden Betroffener haben, findet das Konzept gerade in Verbindung mit Fragen der Selbstbestimmung Anwendung (vgl. SEIFERT et al. 2001, S. 84 ff.; WACKER et al. 2005b, S.12 ff.; BÖHNKE 2006, S. 56 ff.).

Zunächst werden wichtige Anmerkungen zu den beiden Untersuchungen gemacht, um die unterschiedlichen Untersuchungsbereiche und damit die Schwierigkeit eines Vergleichs der beiden Studien zu verdeutlichen. Dann werden die Selbstbestimmungsmöglichkeiten der Menschen mit kognitiver Beeinträchtigung im Hinblick auf individuelle Freizeitgestaltung nach dem Sachleistungsprinzip und im Persönlichen Budget vorgestellt. Abschließend werden einige wesentliche Unterschiede zwischen den beiden Konzepten und ihre Wirkung auf die Betroffenen herausgestellt.

6.1 Anmerkungen zu den ausgewählten Untersuchungen

Im Rahmen der vorliegenden Arbeit können die Besonderheiten des PerLe-Projekts nicht umfassend dargelegt werden, auch können/sollen weder die jeweiligen Hilfebedarfsgruppen der Budgetnehmer, die Budgetausgaben und andere Teilergebnisse noch die Zusammenhänge und Hintergründe etc. detailliert vorgestellt werden. Die hier behandelten Punkte sind bewusst im Hinblick auf die Selbstbestimmungsmöglichkeiten der Budgetnehmer ausgewählt worden und zum Teil vereinfacht dargestellt. Dennoch muss abschließend darauf hingewiesen werden, dass das PerLe-Projekt nicht als ein Optimum zu verstehen ist, sondern einen Modellversuch darstellt (WACKER et al. 2005b, S. 117) und dass während der ganzen Modellphase keiner der Budgetnehmer jemals das gesamte Persönliche Budget (Bargeld) in Händen gehalten hat (ebd., S. 107; NUßBICKER 2007, Begleit-DVD). Es gab für jeden Budgetnehmer innerhalb der Einrichtung ein Konto, das der Budgetnehmer über die Mitarbeiter einsehen konnte (ebd.).

In PerLe wurde kein absolutes Persönliches Budget erprobt. Das bedeutet, dass die Bewohner, die an dem Modellprojekt teilgenommen haben, eine Mischung von Sach- und Geldleistungen erhielten (siehe Tabelle 4).

Sachleistungen im Wohnheim (Basisleistung)	Geldleistung (Persönliches Budget)
Überlassung und Nutzung von Wohnraum	Aufrechterhaltung und Förderung sozialer Kontakte
Individuelle Basisversorgung	Teilnahme an Bildungsangeboten
Gesundheitsförderung	Teilnahme an kulturellen Angeboten
Unterstützung bei der Haushaltsführung	Mobilität
Förderung lebenspraktischer und sozialer Kompetenzen	Freizeit/Erholung
Tagesstrukturierung im Wohnbereich	Psychosoziale Unterstützung
	Geld für Sachkosten
	Verpflegungsgeld
	Kleidungsgeld

Tabelle 4: Sachleistungen und Geldleistungen (Grafik entnommen aus Wacker et al. 2005b, S. 122)

Dadurch, dass so genannte Basisleistungen wie z. B. Lebensmittelversorgung/Ernährung (individuelle Basisversorgung) als Sachleistungen erbracht wurden, verringerten sich die Bereiche, in denen ein Persönliches Budget genutzt werden konnte, erheblich. Daher können viele interessante Aspekte in Bezug auf die Selbstbestimmungsmöglichkeiten Betroffener nicht verglichen werden, denn in der Studie von SEIFERT et al. (2001) wurde insbesondere im Bereich der Lebensmittelversorgung bzw. in Essenssituationen beobachtet, dass hier häufig eine Fremdbestimmung durch das Betreuungspersonal stattfindet. Dass Selbstbestimmungsmöglichkeiten vorenthalten wurden, indem keinerlei Wahlmöglichkeiten gegeben waren, und Gesten und Wünsche unbeachtet blieben, machen SEIFERT et al. (2001) an mehreren Beispielen deutlich:

„Keiner der Bewohner hatte die Möglichkeit, sich für den einen oder anderen Brotbelag zu entscheiden. Es gab auch für niemanden die Gelegenheit, sich das Brot selbst fertig zu machen bzw. noch etwas nachzuholen. Alle Teller wurden fertig auf den Tisch gestellt." (SEIFERT et al. 2001, S. 272)

Gerade in solchen alltäglichen Situationen werden Menschen mit kognitiven Beeinträchtigungen, die in einem Heim leben, Selbstbestimmungsmöglichkeiten häufig vorenthalten und sie in hohem Maß fremdbestimmt. Ähnliche Gefahren birgt der Bereich der Pflege, der in PerLe in Form von Sachleistungen erbracht wurde. SEIFERT et al. (2001) stützen dies mit folgendem Auszug aus einem Betreuerinterview:

„Herr W. (blind) ist immer wieder derjenige, bei dem man es mal eben schneller selbst macht. Dann geht's schneller und er beschwert sich nicht. Andere Bewohner schubsen den Betreuer weg, hauen und vermitteln: ‚Lass mich jetzt, ich kann das allein.' Manche werden laut oder gehen auf Distanz. Herr W. macht das nicht und deswegen geht das Selbstständige ganz schnell unter" (SEIFERT et al. 2001, S. 274).

Derartige Beobachtungen werden mit dem Zeitdruck und dem routinemäßigen Handeln der Betreuer in Verbindung gebracht (ebd.). Inwiefern ein Persönliches Budget eine solche oder auch die im erstgenannten Beispiel erfolgende Fremdbestimmung beeinflussen kann, bleibt offen. Tatsächlich können solche Leistungen (Ernährung und Pflege) im vollstationären Bereich im Grunde nicht oder nur mit Schwierigkeiten budgetiert werden (vgl. WACKER et al. 2005b, S. 121 f.). Denn wenn die Einrichtungen die Budgetnehmer nicht zur Nutzung eines „Basispakets (Sachleistungen) verpflichten", wären sie eigentlich ein Hotel und keine vollstationäre Einrichtung mehr.

In Bezug auf PerLe könnte man die Mehrheit der budgetfähigen Leistungen unter dem Oberbegriff Freizeitaktivitäten fassen. Wenn ein Budgetnehmer mit einem Freund ein Konzert besuchen möchte und aufgrund einer körperlichen Beeinträchtigung zusätzlich einen Fahrdienst benötigt, um dorthin zu gelangen, dann betrifft das die folgenden Leistungsbereiche des Persönlichen Budgets: Aufrechterhaltung und Förderung sozialer Kontakte, Freizeit/Erholung, Mobilität (vgl. Tabelle 4). Fasst man diese Kombination der Leistungsbereiche zusammen, könnte man zunächst annehmen, dass das Ganze eigentlich eine Freizeitaktivität sei. Grundsätzlich ist es das auch, nur setzt diese sich aus differenzierten Leistungen zusammen, die alle einzeln bezahlt werden müssen. Darüber hinaus ist die Leistungsdifferenzierung auch nötig, um einen Leistungskatalog zu erstellen. Dieses Beispiel zeigt jedoch auch, dass die differenzierten Leistungen in der Praxis eng miteinander verbunden und teilweise schwer trennbar sind. Wenn im Abschlussbericht des PerLe-Projekts berichtet wird, dass die Budgetnehmer ihr Persönliches Budget vor allem für Unterstützungsleistungen bei Freizeitaktivitäten verwendet haben, sind damit zum Beispiel Besuche von Fußballspielen, Konzerten, Kino etc. gemeint (NUßBICKER 2007, S. 80). Im PerLeschen Sinne ist z. B. der Besuch eines Computerkurses (Bildungsangebot) von einem Schwimmbadbesuch (Freizeit/Erholung) zu unterscheiden, auch wenn man im Allgemeinen beides der Oberkategorie Freizeitaktivitäten zuteilen würde. Damit soll hier nicht auf einen Definitionskonflikt, sondern lediglich auf die für das PerLe-Projekt wichtige Unterscheidung zwischen den einzelnen Leistungsbereichen hingewiesen werden.

6.2 Zur Freizeitgestaltung von Menschen mit kognitiver Beeinträchtigung nach dem Sachleistungsprinzip

Um den Alltag von Menschen mit kognitiver Beeinträchtigung, die in einem Heim leben, zu verdeutlichen, haben SEIFERT et al. (2001) die typischen Abläufe in Heimen der Behindertenhilfe skizziert. Dabei wurde festgestellt, dass der Gruppenalltag in der Woche relativ gleichbleibend verläuft. In Bezug auf die Wochenendgestaltung waren unterschiedliche Verläufe zu beobachten; sie variierte zwischen mehr Aktivitäten und mehr Untätigkeit (SEIFERT et al. 2001, S. 251). Da das Persönliche Budget im PerLe-Projekt hauptsächlich im Rahmen der Freizeitgestaltung genutzt wurde, erscheint es angesichts der beruflichen Tätigkeit der Budgetnehmer (die Mehrzahl der PerLe-Teilnehmer war zum Zeitpunkt der Untersuchung in einer WfBM beschäftigt) sinnvoll, den Tagesablauf ab der Nachmittagszeit zu betrachten. So kann ein ungefähres Bild davon entwickelt werden, wie sich die Freizeit bzw. das Leben nach Feierabend ohne ein Persönliches Budget gestaltet (siehe Tabelle 5).

Bei den aufgeführten Angeboten wie z. B. Malen (vgl. Tabelle 5, Abendbeschäftigung) handelt es sich um Hobbys, welche die Bewohner auch „von sich aus immer wieder gern tun" (SEIFERT et al. 2001, S. 263). Deshalb sollten solche Aktivitäten nicht als vom Betreuer ausgehende Angebote der Freizeitgestaltung verstanden werden. Zu diesen zählen vielmehr: „Basale Stimulation, Snoezelen, Schwimmen, Bewegungsbad, Whirlpool, Klangbett, Duftkasten, auf der Wiese liegen, Musizieren, Discoveranstaltungen, Feste, Cafébesuche, Einkäufe und Marktbesuche sowie Ausflüge" (SEIFERT et al. 2001, S. 262). Allerdings war insgesamt zu beobachten, dass die einrichtungsinternen Angebote überwiegen und dass die aufgezählten Freizeitbeschäftigungen nur wenigen Bewohnern angeboten wurden (ebd., S. 262 ff.). Weiterhin wurde festgestellt, dass im Bereich der Erwachsenenbildung keinerlei Angebote unterbreitet wurden und demzufolge auch niemand der Bewohner solche nutzte (ebd., S. 265 f.).

Nachmittag	
- Gegen ca. 16.30 Uhr kehren die beschäftigten Bewohner von ihrer Arbeitsstätte zurück.	
Zwischenmahlzeit	
In fast allen Gruppen findet am Nachmittag ein gemeinsames Kaffeetrinken statt, das jedoch unterschiedlicher Art sein kann. In manchen Gruppen wird mit den Bewohnern selbstgebackener Kuchen verteilt und verzehrt, während in anderen Gruppen lediglich auf den Fluren Instant-Getränke verteilt werden.	
Zeitspanne bis zum Abendessen	
Einige Gruppen beginnen bereits nach dem Kaffeetrinken mit der abendlichen Assistenz bei der Pflege, andere bieten den Bewohnern individuell organisierte Aktivitäten. Manche Bewohner verbringen die Zeit bis zum Abendbrot vor dem Fernseher oder in ihren Zimmern.	
Abendessen	
zwischen 17:00 Uhr und 18:00 Uhr	
Abendliche Pflege	
zwischen 17:00 Uhr und 20:00 Uhr	
Abendbeschäftigung	
- In der Regel beschäftigen sich die Bewohner noch etwas selbst, sehen fern oder gehen direkt zu Bett.	
- Nur in wenigen Gruppen gibt es abends noch Angebote für gemeinsame Aktivitäten oder für die Ausübung von Hobbys (Spielen, Malen etc.).	
Nachtruhe	
- Uneinheitlich zwischen 19:00 Uhr und 23: 00 Uhr.	
- Bewohner mit hohem pflegerischem Hilfebedarf werden häufig sehr früh zu Bett gebracht. In einer Gruppe wurden ihnen schon mittags die Schlafanzüge angezogen.	
Begründung für die Zeiten der Nachtruhe	
Die Zeiten sind zum Teil mit den Bewohnern abgesprochen und zum Teil von den Mitarbeitern vorgegeben.	
Dienstende der Mitarbeiter	
Zwischen 20:00 Uhr und 23:00 Uhr; je nach Dienstende nehmen sich die Mitarbeiter noch Zeit, auf Wünsche der Bewohner einzugehen.	

Tabelle 5: Tagesablauf der Bewohner (Tabelle erstellt nach SEIFERT et al. 2001, S. 252 f.)

Eine der häufigsten Außenaktivitäten sind Spaziergänge. Diese wurden von den meisten Bewohnern sehr gern angenommen. Dennoch konnte eine Situation beobachtet werden, in der ein Spaziergang von einer Bewohnerin als unangenehm empfunden wurde, weil deren Grundbedürfnisse absolut unbeachtet blieben (ebd., S. 264). SEIFERT et al. (2001) schildern dieses Beispiel wie folgt:

„Der Blindenbetreuer möchte mit Frau L. spazieren gehen, holt ihren Rollstuhl ins Wohnzimmer und stellt ihn vor Frau L. (…) Er begrüßt sie kurz, ergreift ihre Hand, zieht sie nach oben, um sie zum Aufstehen zu bringen. Sie schreit laut und wirkt recht eindeutig überrumpelt und abwehrend. (…) Frau L. sträubt sich und schreit erneut. Sie klingt zornig. Als sie in den Rollstuhl gedrückt wird, bäumt sie sich im Sitz auf und möchte wieder aufstehen. (…) Sie schreit und windet sich, als sie die Jacke angezogen bekommt. Der Blindenbetreuer ignoriert ihr Verhalten. Gemeinsam verlassen wir die Gruppe. (…) Wir gehen fast 90 Minuten spazieren. Es ist sehr kalt und windig. Frau L. trägt weder einen Schal noch Handschuhe oder Mütze. (…) Sie ist nicht angeschnallt. Jedes Mal, wenn wir stehen bleiben, versucht sie, aus dem Rollstuhl aufzustehen, wird jedoch von dem Blindenbetreuer in den Sitz zurückgedrückt." (SEIFERT et al. 2001, S. 264)

Zusammen mit dem PerLe-Abschlussbericht wurde eine Begleit-DVD veröffentlicht, die Sequenzen aus Interviews mit Budgetnehmern und Mitarbeitern enthält. Die Interviews wurden von DREBLOW geführt und geben unter anderem Aufschluss darüber, wie die Budgetnehmer ihre Situation beurteilen. In diesem Zusammenhang sind die Antworten der Budgetnehmer auf DREBLOWs Frage „Wie war es vorher?" sehr interessant, denn sie stützen die Untersuchungsergebnisse von SEIFERT et al. (2001, S. 266 ff.; vgl. Tabelle 5: Zeitspanne bis zum Abendessen und Abendbeschäftigung). So antwortete ein Budgetnehmer:

„Da wussten wir nicht, was wir mit der Freizeit tun sollten. Ich war früher immer im Zimmer und hab die Zeit da verbracht und habe mich gelangweilt" (NUßBICKER 2007, Begleit-DVD).

Ein anderer Budgetnehmer beschreibt die vorherige Situation wie folgt:

„Da musste man immer auf die Mitarbeiter warten, dass die was mit uns machen. Es war auch mal eine Zeit, da waren die so genervt. Bis wir gesagt haben, ich habe die Faxen dicke. Jetzt muss ich auch mal selber was in die Hand nehmen." (ebd.)

Zusammenfassend kann festgehalten werden, dass die Lebenssituation eines Menschen mit kognitiver Beeinträchtigung im vollstationären Bereich (nach dem Sachleistungsmodell) nur wenig abwechslungsreich ist. Die Bewohner scheinen häufig sich selbst überlassen zu sein (unbeschäftigt) und haben meist nur die Wahl zwischen Fernsehen und Schlafengehen. Besonders deutlich zeigt sich die Abhängigkeit der Betroffenen von den Angeboten und den Arbeitszeiten der Betreuer bzw. deren Bereitschaft oder/und Möglichkeiten der Freizeitgestaltung. In einem solchen Rahmen, in dem praktisch keine oder nur geringe Wahlmöglichkeiten bestehen, ist die selbstbestimmte Lebensführung bzw. Freizeitgestaltung des einzelnen Betroffenen sehr begrenzt.

6.3 Zur Freizeitgestaltung von Menschen mit kognitiver Beeinträchtigung im Persönlichen Budget

Die Teilnahme an der Erprobung des Persönlichen Budgets im Wohnheim am Stadtring war für alle Bewohner eine freiwillige Entscheidung. Da es im Vorfeld und auch während der Erprobung umfangreiche Informations- und Bildungsangebote gab, erfolgte die Umstellung nicht plötzlich und überraschend, sondern weitgehend vorbereitet (vgl. WACKER et al. 2005b).[58]

Die Budgetnehmer im PerLe-Projekt waren im Wohnheim am Stadtring zuhause, sie erhielten gewisse Sachleistungen und gingen größtenteils auch einer Beschäftigung nach; daher ist davon auszugehen, dass ihre Tagesstruktur unverändert blieb. Da die Budgets schwerpunktmäßig für die Unterstützung von Freizeitaktivitäten[59] genutzt wurden (NUßBICKER 2007, S. 80), beziehen sich die Veränderungen also vor allem auf den Freizeitbereich der Budgetnehmer. Zu den beliebtesten Aktivitäten gehörten: Konzerte, Kino, Fußballspiele, Schwimmen, Einkaufsbummel und größere Ausflüge (vgl. NUßBICKER 2007, Begleit-DVD).

Wie nun diese neue Freizeitgestaltung aussehen bzw. wie die Auswahl und Organisation von Unterstützungsleistungen ablaufen kann, schildern WACKER et al. (2005b) an einem konstruierten Fallbeispiel (siehe

---

[58] Natürlich verlief die Ein- und Durchführung des Persönlichen Budgets nicht völlig problemlos, und es kristallisierten sich Veränderungs- und Anpassungsbedarfe heraus (vgl. Kapitel 5.5); auf diese kann hier jedoch nicht näher eingegangen werden.

[59] Es ist darauf hinzuweisen, dass nicht nur die Begleitung an sich, sondern auch die Unterstützung bei der Planung und Vorbereitung, der Transport, Eintrittskarten (für den Budgetnehmer und seinen Assistenten) sowie Unterstützungsleistungen nach der Veranstaltung (Pflege) vom Persönlichen Budget bezahlt werden müssen (NUßBICKER 2007, S. 80).

Tabelle 6). Der dargestellte Ablauf verläuft der Einfachheit halber komplikationsfrei und bezieht sich auf den Idealfall. Dass das genannte Beispiel in den seltensten Fällen die Realität widerspiegelt, ist unbestritten. Es dient hier lediglich dem Zweck, die neue Situation zu veranschaulichen.

Sequenz	Zusammenfassung des Inhalts (Fallbeispiel 1)
Wunsch	Herr Scholz äußert in einem Gespräch mit einem Betreuer im Wohnheim, dass er damit unzufrieden ist, in seiner Freizeit mit der ganzen Wohngruppe zum Kegeln zu gehen. Viel lieber möchte er ohne die Wohngruppe schwimmen gehen.
Information	Herr Scholz fragt die Mitarbeiter/innen und Betreuer/innen um Rat. Diese informieren ihn über Öffnungszeiten und Eintrittspreise eines nahe gelegenen Schwimmbads. Im Schwimmbad spricht Herr Scholz mit einem Kursleiter über verschiedene Erwachsenenschwimmkurse und deren Preise.
Entscheidung	Herr Scholz erzählt in einem Gespräch mit dem Betreuer, dass er sich gegen einen Schwimmkurs entschieden hat. Er möchte lieber allein mit einem selbst gewählten Assistenten schwimmen gehen.
Rechte und Pflichten	Herr Scholz fragt einen Bekannten in der Nachbarschaft, ob dieser sein Assistent wird und ihn zum Schwimmen begleitet. Die beiden verabreden, dass sie einmal in der Woche zum Schwimmen gehen, und unterzeichnen einen Vertrag.
Bewertung	Herr Scholz ist mit seinem Assistenten zufrieden und möchte weiterhin mit ihm einmal pro Woche schwimmen gehen.

Tabelle 6: Fünf Schritte bei der Auswahl und Organisation von Unterstützung (entnommen aus WACKER et al. 2005b, S. 83 f.)

In diesem Zusammenhang soll auch die Sicht der Budgetnehmer anhand von Interviewausschnitten dargestellt werden. Aus DREBLOWs Kernfrage „Chef sein – wie funktioniert das?" entwickelten sich interessante Gespräche, in denen die Position des Budgetnehmers als Arbeitgeber und damit als (Selbst-)Bestimmer besonders deutlich wird.

Interview A:

„Interviewerin: Kaufen Sie sich von Ihrem Persönlichen Budget nur Mitarbeiter/innen aus dem Wohnheim am Stadtring?
Budgetnehmer A: Nein. Unsere Mitarbeiter/innen kosten 25 € und andere sind da billiger. Aber ich teil das so, einmal im Haus und einmal außerhalb.
Interviewerin: Gab es denn auch schon mal welche, wo Sie dachten, nein, mit denen möchte ich das gar nicht machen?
Budgetnehmer A: Ja.
Interviewerin: Und können Sie dann sagen, nein, mit Ihnen da möchte ich nicht?
Budgetnehmer A: Ja. Das ist ja das Gute daran. Sie können sich aussuchen, mit wem Sie Ihre Freizeit verbringen. Das ist ja das Gute daran.
Interviewerin: Und wenn Sie jemanden außerhalb einkaufen, was zahlen Sie dem denn so?
Budgetnehmer A: Kommt drauf an.
Interviewerin: Ungefähr?
Budgetnehmer A: 10 €. Wir machen da einen Jahresvertrag und da müssen wir die Versicherung auch mitbezahlen.
Interviewerin: Sie machen mit denen einen richtigen Arbeitsvertrag?
Budgetnehmer A: Ja.
Interviewerin: Hilft Ihnen da jemand dabei?
Budgetnehmer A: Ja.
Interviewerin: Wer hilft Ihnen dabei?
Budgetnehmer A: Meine Betreuerin." (NUßBICKER 2007, Begleit-DVD, Zeitangabe in Minuten: 3:34-3:42; 4:45-5:20; 6:10-6:48)

Interview B:

„Interviewerin: Wenn mal was schlecht läuft – gibt es ja mal, dass man unzufrieden ist –, kannst du ihm das sagen?
Budgetnehmer B: Ja.
Interviewerin: Weil, du bist ja der Chef! Du bezahlst ihn ja.
Budgetnehmer B: Ja.
Interviewerin: Das ist nicht so schwer?
Budgetnehmer B: Das ist nicht so schwer.
Interviewerin: Guckst du danach, was das kostet, also die begleitende Unterstützung?
Budgetnehmer B: Ja.
Interviewerin: Das heißt, du guckst schon nach dem Preis? Du suchst dir den billigsten aus?
Budgetnehmer B: Ich kann dir sagen, mit wem ich das mache. Mein Begleiter ist der Sohn von X.
Interviewerin: Und der kostet nicht so viel wie ein Mitarbeiter?
Budgetnehmer B: Nein, der kostet nicht so viel wie ein Mitarbeiter.
Interviewerin: Das heißt, du kannst mehr machen?
Budgetnehmer B: Ja."

(NUßBICKER 2007, Begleit-DVD, Zeitangabe in Minuten: 3:34-3:42; 5:20-5:40; 6:10-6:48)

6.4 Zu den Unterschieden in der Freizeitgestaltung von Menschen mit kognitiver Beeinträchtigung im traditionellen Hilfesystem und im Persönlichen Budget

Aus der obigen Darstellung wurde deutlich, dass der mit dem Persönlichen Budget einhergehende Rollenwechsel der Betroffenen dazu beitragen kann, dass individuelle Wünsche beachtet und umgesetzt werden. Um den Kontrast der jeweiligen Selbstbestimmungsmöglichkeiten der Menschen mit kognitiver Beeinträchtigung bei der Freizeitgestaltung in den beiden verschiedenen Systemen, Sachleistungsprinzip und Persönliches Budget, herauszustellen, sollen anhand des folgenden Beispiels einige wesentliche Unterschiede aufgezeigt werden.

> Der 21-jährige Bewohner fragt den Betreuer, ob es nächsten Monat vielleicht möglich ist, dass sie beide zusammen ins Kino gehen. Er möchte jedoch nicht in das örtliche Kino gehen, sondern in das 35 km entfernte neue, größere und moderne Kino in die 20.00-Uhr-Vorstellung, da seine Arbeitskollegen ständig von diesem Kino berichten und er noch nicht dort gewesen ist. Darüber hinaus bittet er darum, dass X, Y und Z zu Hause bleiben, weil die Leute sonst immer so komisch gucken. Am liebsten soll gar kein anderer mit.

Sachleistungsprinzip	Persönliches Budget
So könnte die Antwort des Betreuers aussehen: „Da müssen wir mal wegen des Dienstplans gucken. Im Dienst kann ich hier ja nicht weg. Wenn ich zusätzlich komme, mache ich Überstunden. Das sieht die Heimleitung nicht so gern, denn ich habe doch schon so viele und außerdem dürfen wir eigentlich keine Doppeldienste machen. Und wann sind wir dann überhaupt wieder zurück? Wohl nicht vor halb elf. Das gibt Probleme, denn das ist außerhalb der Kernarbeitszeit. Darüber hinaus muss ich dir leider auch sagen, dass das nur zu zweit (1:1) gar nicht geht.	So könnte die Antwort des Betreuers aussehen: „Weißt du denn schon, an welchem Tag genau das sein soll? Dann würde ich mal nachsehen, ob ich da ‚frei' bin." Oder: Betreuer: „Ist es dir denn wichtig, dass ich dich begleite?" Bewohner: „Es wäre schon schön, wenn der coole Zivi aus der Werkstatt mitkäme. Der hat auch ein Auto, war schon öfter dort und interessiert sich genauso für den Film." Betreuer: „Gut. Dann fragen wir ihn

77

Wenn wir gehen, müssen wir mindestens drei, vier andere Bewohner mitnehmen (Betreuungsschlüssel 1:5). Und wenn das klappen sollte, kann ich dir auch noch nicht sagen, wann wir das machen können. Wir müssen erst den Dienstplan für den nächsten Monat schreiben, und ein Fahrzeug müsste auch frei sein."	einfach, ob er Zeit und Lust hat, dein persönlicher Begleiter zu werden. Möchtest du ihn allein ansprechen oder soll ich dich dabei unterstützen? Ihr müsstet ja auch verabreden, wie viel Geld er dafür bekommen soll." Bewohner: „Es wäre mir lieb, wenn du ihn mit mir gemeinsam anrufst. Wegen dem Geld und so."
Die Bedürfnisbefriedigung des Bewohners ist in erheblichem Maße von den institutionellen Rahmenbedingungen abhängig, entsprechend ist eine selbstbestimmte Freizeitgestaltung nur sehr bedingt möglich.	Im PerLe-Projekt hatten die Mitarbeiter die Möglichkeit, sich gegen eine Vergütung aus dem Persönlichen Budget buchen zu lassen und sich offiziell mit dem Bewohner (1:1) zu verabreden. Insbesondere dadurch, dass auch externe Dienste einbezogen werden konnten, erweiterten sich die Möglichkeiten einer selbstbestimmten Freizeitgestaltung.

Die Freizeitgestaltung mit einem Persönlichen Budget muss nicht zwangsläufig auf eine Einzelbetreuung hinauslaufen. Im PerLe-Projekt gab es auch Gruppenaktivitäten der Budgetnehmer (vgl. NUßBICKER 2007, S. 88). Der Vorteil dabei ist, dass die Gruppenteilnehmer weniger bezahlen als bei einer Einzelbetreuung und dadurch mehr Geld für andere Aktivitäten haben. Der Kostenfaktor muss also auch bei einem Persönlichen Budget beachtet werden. Der entscheidende Unterschied ist, dass die Budgetnehmer anders als im Sachleistungsprinzip selbst entscheiden, ob sie sich an einer Gruppenaktivität beteiligen möchten. Wenn sie noch weitere Aktivitäten anstreben, für die sie ja ebenfalls Geld benötigen, müssen die Budgetnehmer sich auch auf solche Arrangements einlassen, die unter Umständen, z. B. aufgrund der Geselligkeit innerhalb einer Gruppe, auch mehr Spaß machen könnten als Unternehmungen allein. Durch Gruppenaktivitäten und den Einkauf nicht-professioneller externer Dienste haben die Budgetnehmer die Möglichkeit, Geld einzusparen und dadurch mehr zu machen. Der Einzelne entscheidet, was er wann mit wem machen möchte; dabei ordnet er seine Aktivitätswünsche nach individuellen Prioritäten. Dadurch stehen die Wünsche des Budgetnehmers im Vordergrund, die Entscheidung und damit auch die Verantwortung liegt bei ihm selbst.

Während die Freizeitgestaltung im Sachleistungsprinzip bei allen Bewohnern eher einheitlich ist, zeichnet sich die Freizeit im Persönlichen Budget durch eine selbstbestimmte Gestaltung aus. Indem sich die Budgetnehmer zunehmend außerinstitutionelle Bereiche erschließen, kann **echte** Normalisierung und Teilhabe am Leben in der Gemeinschaft verwirklicht werden.

Zusammenfassend kann gesagt werden, dass sich durch das Persönliche Budget die Wahlmöglichkeiten der Betroffenen erweitert und die Aktivitäten der Budgetnehmer zugenommen haben (NUßBICKER 2007, S. 88). Demzufolge ist ein Zuwachs an Selbstbestimmungsmöglichkeiten zu verzeichnen, der in erheblichem Maße zum Wohlbefinden und zur Zufriedenheit der Betroffenen beiträgt. Diese Auswirkungen kommen in den Aussagen der Betroffenen deutlich zum Ausdruck: „Ich würde das gar nicht mehr missen wollen. Ich würde es gar nicht mehr anders machen wollen. Ich bin viel selbstsicherer geworden, traue mich vieles. Was ich mich früher nicht getraut habe, traue ich mich jetzt" (NUßBICKER 2007, Begleit-DVD).

Zwar gibt es im Sachleistungsprinzip die Möglichkeit einer ähnlichen Freizeitgestaltung (ebd.),[60] doch ist diese nur den Betroffenen zugänglich, die über die entsprechenden finanziellen Mittel verfügen. Hierzu zählen die wenigsten, und angesichts des geringen Geldbetrags (Barbetrag) von ca. 90 €, der einem Heimbewohner im Monat zur Verfügung steht, ist der Spielraum ausgesprochen begrenzt.

Neben all den positiven Veränderungen hat das PerLe-Projekt aber auch gezeigt, dass die Umstellung vom Sachleistungsprinzip auf das Persönliche Budget nicht so einfach ist wie hier vorgestellt. Insbesondere bei Menschen, die ihre Bedürfnisse nicht so einfach ausdrücken können, sind eine besondere Sensibilität der Betreuer und eine vertrauensvolle Beziehung zwischen Helfern und Betroffenen ausgesprochen wichtig. Bedürfnisse müssen sensibel ermittelt werden, und Vorlieben der Betroffenen können nur angemessen eingeschätzt werden, wenn der Helfer den Betroffenen wirklich gut kennt (NUßBICKER 2007, Begleit-DVD).

---

[60] Aufgrund ihrer Erfahrungen als gesetzliche Betreuerin kann die Autorin bestätigen, dass es ähnliche Möglichkeiten der Freizeitgestaltung auch im Sachleistungsprinzip gibt. In einem Fall wurde zum Beispiel für die Betreuung einer Frau mit einer schwerstmehrfachen Behinderung eine Schülerin für 10 € pro Stunde engagiert, um wöchentlich eine Spazierfahrt durch die Stadt zu unternehmen.

7 Schlussbetrachtung

In dieser Arbeit ging es um die Selbstbestimmung von Menschen mit einer kognitiven Beeinträchtigung. Die zentrale Frage dabei war, ob das Persönliche Budget ein Mehr an Selbstbestimmung für Menschen mit einer kognitiven Beeinträchtigung bewirken kann. Weitere Aspekte, die im Zusammenhang mit dieser Kernfrage behandelt wurden, waren die Eignung des Empowerment als Methode zur Umsetzung des Konzeptes „Selbstbestimmt Leben", die Frage, ob Selbstständigkeit eine Voraussetzung für eine selbstbestimmte Lebensführung ist und die Frage, ob alle Leistungsberechtigten die gleichen Chancen auf ein Persönliches Budget haben.

Zunächst wurde das Phänomen der Behinderung anhand des bio-psycho-sozialen Modells der Weltgesundheitsorganisation definiert und das neue Verständnis von Behinderung als ein relativer Umstand bzw. als das Ergebnis einer ungünstigen Wechselwirkung zwischen dem Individuum, seinem Gesundheitsproblem und der Umwelt vorgestellt.

Diese multidimensionale und gesamtgesellschaftliche Betrachtung der Behinderung verändert die bisherige Sichtweise auf den Menschen mit Behinderung als defizitäres Wesen, indem sie ihn in seinem je individuellen Lebenskontext betrachtet. Im Zentrum steht die Beziehung bzw. das Gleichgewicht zwischen dem Individuum und der Umwelt. Entsprechend wird die Behinderung als ein Ungleichgewicht zwischen dem Individuum und seiner Umwelt gesehen.

Aus sozialarbeiterischer Perspektive ist diese universale und eher theoretische Definition der Behinderung zwar grundsätzlich zu begrüßen, weil sie z. B. auf den infrastrukturellen Veränderungsbedarf im Interesse der Betroffenen hinweist (Barrierefreiheit), jedoch birgt sie zugleich die Gefahr einer Verallgemeinerung der Behinderung bzw. der Nichtberücksichtigung von behinderungsspezifischen Merkmalen. Da sich die Praxis mit dem Phänomen der Behinderung überwiegend über eine medizinische Definition[61] auseinandersetzt, wurde diese ebenfalls näher erläutert. Mit Blick auf die unterschiedlichen Herangehensweisen (Definitionen der Behinderung der unterschiedlichen Disziplinen) wurde die Schwierigkeit einer einheitlichen Begriffsbestimmung herausgestellt.

---

[61] Ein Heilerziehungspfleger, der den Menschen mit kognitiver Beeinträchtigung als Betreuer unterstützt, begleitet etc., und ein Arzt, der in der Regel die „Diagnose" einer „geistigen Behinderung" stellt, orientieren sich an einer medizinischen Definition der Behinderung. Ähnlich ist dies, wenn der Mensch mit Behinderung gesetzliche Leistungsansprüche geltend machen möchte. Denn letztendlich bestimmt hier ein medizinisches Gutachten, ob der Mensch im Sinne des § 2 SGB IX eine Behinderung hat.

Über die Auseinandersetzung mit den Menschenbildern der Heil- und Sonderpädagogik wurde dann insbesondere das von HAEBERLIN entworfene Menschenbild der Heilpädagogik vorgestellt. Es wurde herausgestellt, dass jeder Mensch sich ein Bild von anderen Menschen macht, das sein Verhalten und Handeln diesen gegenüber beeinflusst und zur Entstehung oder Verfestigung von Vorurteilen und Stigmatisierungen führen kann. Im Hinblick auf die pädagogische Arbeit konnte die Notwendigkeit der Konstruktion von Menschenbildern herausgestellt werden, da diese die Grundlage bilden für die Entwicklung der Leitgedanken, die das professionelle Handeln prägen (vgl. Kapitel 2).

Im Folgenden wurde ein Überblick über die Geschichte der Behindertenhilfe im 20. und 21. Jahrhundert gegeben. Im Rahmen der Behindertenhilfe zwischen 1945 und 1980 wurden die beiden pädagogischen Konzepte der „praktischen Bildbarkeit" und des „Normalisierungsprinzips" erläutert. Anschließend wurde das Konzept „Selbstbestimmt Leben" vorgestellt, das seinen Ursprung in der amerikanischen Independent-Living-Bewegung hat, und das Übergreifen dieser Entwicklung auf die Bundesrepublik Deutschland beschrieben.

Zur Geschichte der Behindertenhilfe ist zusammenfassend festzuhalten, dass diese sich in der Nachkriegszeit zunächst sehr zögernd entwickelte und erst mit der Einführung des BSHG die Grundlage für die Errichtung von Erziehungs- und Bildungseinrichtungen geschaffen wurde. Allmählich setzte sich die Auffassung durch, dass auch Menschen mit einer kognitiven Beeinträchtigung förderbar und bildungsfähig sind. Es entwickelte sich das Konzept der „Praktischen Bildbarkeit", dessen Schwerpunkt auf der Förderung von lebenspraktischen Fertigkeiten liegt. Doch erst das „Normalisierungsprinzip" stellte die Forderung, auch Menschen mit einer kognitiver Beeinträchtigung zu ermöglichen, ein normales Leben zu führen wie andere Menschen, und entfachte u. a. eine Debatte über die Ambulantisierung der Behindertenhilfe, die bis heute anhält und gegenwärtig auch im Persönlichen Budget zum Ausdruck kommt.

Die Bürgerrechtsbewegung „Independent Living" führte dazu, dass Menschen mit Behinderungen sich zunehmend emanzipierten und für ihre Rechte und eine selbstbestimmte Lebensführung eintraten. In diesem Zusammenhang erfuhr das „Normalisierungsprinzip" eine pädagogische Erweiterung durch das Konzept „Selbstbestimmt Leben". Damit liegt nun neben der Normalisierung der Umgebungsbedingungen auch ein Schwerpunkt auf der Beziehung und Interaktion zwischen dem Menschen mit Behinderung und seinem Gegenüber (z. B. Betreuer, Einrichtungen etc.).

Das Empowerment kann als eine Art Konzeptionalisierung der Selbstbestimmungsforderungen gesehen werden, durch die die Betroffenen entsprechende Unterstützung durch die Soziale Arbeit erfahren. Hierbei handelt es sich jedoch mehr um eine professionelle Haltung als um eine Methode im klassischen Sinne (vgl. Kapitel 3).

Im folgenden Kapitel wurden Autonomie und Selbstbestimmung diskutiert, indem zunächst ein Verständnis vom Menschen (mit und ohne Behinderung) als autonomes System entwickelt wurde. Anhand des Autonomiebegriffs der Aufklärung wurde die Selbstbestimmung als ein Bestandteil der menschlichen Autonomie herausgestellt. Dabei wurde offensichtlich, dass es keine absolute Selbstbestimmung geben kann, da die Menschen gesellschaftlich eingebunden sind und demzufolge immer auch die Rechte und Interessen anderer Menschen berücksichtigen müssen.

Die Abgrenzung zwischen Selbstbestimmung und Selbstständigkeit hat gezeigt, dass der Mensch nicht notwendigerweise (physisch) selbstständig sein muss, um ein selbstbestimmtes Leben führen zu können. Zwar ist Selbstständigkeit für eine selbstbestimmte Lebensführung von Vorteil, weil der Mensch auf weniger Unterstützung angewiesen ist, sie darf aber keinesfalls als Voraussetzung für diese verstanden werden.

Anschließend wurde das Abhängigkeitsverhältnis von Menschen mit kognitiver Beeinträchtigung diskutiert. Es wurde herausgearbeitet, dass durch ein Mehr an sozialer Abhängigkeit eine erhöhte Gefahr der Fremdbestimmung durch Betreuer/Eltern/Angehörige besteht. In diesem Zusammenhang wurde anhand zweier Praxisbeispiele veranschaulicht, wie schnell es im Alltag von Menschen mit kognitiver Beeinträchtigung zu einer Fremdbestimmung durch das Betreuungspersonal kommen kann.

Abschließend wurde die Rolle des professionellen Helfers reflektiert und darauf hingewiesen, wie wichtig und notwendig die Bereitschaft der professionellen Helfer zu einer veränderten Haltung ist, um die Selbstbestimmung von Menschen mit kognitiver Beeinträchtigung zu fördern (vgl. Kapitel 4).

In Kapitel 5 wurde die neue Leistungsform des trägerübergreifenden Persönlichen Budgets vorgestellt. Hier wurden die Rechtsverhältnisse im Sachleistungsprinzip und die sich neu konstituierenden Rechtsverhältnisse im Persönlichen Budget sowie dessen Rechtsrahmen und Ziele dargestellt. Anhand der Ergebnisse des Modellversuchs und der wissenschaftlichen Begleitforschung sowie von Angaben des statistischen Bundesamtes wurde die Frage aufgeworfen, ob Menschen mit einer kognitiven Beeinträchtigung im vollstationären Bereich unter Umständen von dieser neuen Leistungsform ausgeschlossen werden oder es für sie zumindest schwieriger ist, daran zu partizipieren. Offensichtlich liegen hier große Interessenkonflikte vor, und es kristallisiert sich heraus, dass das Persönliche Budget in erster Linie für Menschen mit einem niedrigeren Unterstützungsbedarf ausgelegt ist.

Der anschließende Praxisbericht eines Berufsbetreuers sollte einen Eindruck vom Interesse der Betroffenen an einem Persönlichen Budget vermitteln. Ergebnis dieses Berichtes war, dass die Beantragung von Persönlichen Budgets weniger auf den Wunsch der Betroffenen zurückgeht, dadurch mehr Selbstbestimmung zu erlangen, als darauf, dass die Kostenträger den Grundsatz „ambulant vor stationär" sehr konsequent verfolgen und bei einer neuen Leistungsgewährung (Erstantrag) zunächst danach schauen, ob der Unterstützungsbedarf des Leistungsberechtigten über ambulante Hilfeformen abgedeckt werden kann (vgl. Kapitel 5).

Im letzten Kapitel wurde der Versuch unternommen, die Selbstbestimmungsmöglichkeiten von Menschen mit kognitiver Beeinträchtigung bei der Freizeitgestaltung nach dem Sachleistungsprinzip und im Persönlichen Budget herauszustellen. Insgesamt wurde deutlich, dass die Selbstbestimmungsmöglichkeiten im Bereich der Freizeitgestaltung im Persönlichen Budget wesentlich umfangreicher sind als nach dem Sachleistungsprinzip und dies zu einer höheren Zufriedenheit der Betroffenen führen kann. Mit Blick auf Gruppenaktivitäten ist folgender Unterschied festzuhalten: Menschen mit kognitiver Beeinträchtigung haben nach dem Sachleistungsprinzip selten die Wahl zwischen Einzel- und Gruppenaktivitäten und können deshalb, wenn überhaupt, fast nur an Gruppenaktivitäten teilnehmen. Diese Form der Freizeitaktivität nutzt der Budgetnehmer zwar auch, jedoch entscheidet er unter Berücksichtigung seiner finanziellen und persönlichen Interessen selbst darüber (vgl. Kapitel 6).

Bietet das Persönliche Budget also mehr Selbstbestimmung für Menschen mit kognitiver Beeinträchtigung (im vollstationären Bereich)?
Um diese Frage abschließend zu beantworten, sind mehr Erfahrungen aus der Praxis erforderlich, gerade in Bezug auf Menschen mit einer kognitiven Beeinträchtigung, die nicht in der Lage sind, ihre Bedürfnisse zu artikulieren, und deshalb auch wesentlich mehr Unterstützungs- und Beratungsbedarf haben als andere. Daher kann zu diesem Zeitpunkt noch keine klare Aussage darüber getroffen werden. Sicherlich hat das Modellprojekt PerLe im Bereich der Freizeitgestaltung gezeigt, dass das Persönliche Budget einen Zugewinn an Selbstbestimmungsmöglichkeiten bewirkt. Da die Beobachtungen aber auf diesen Bereich begrenzt sind und hier deshalb nicht von einem vollständigen Persönlichen Budget gesprochen werden kann, bleibt die Zukunft der Kombination von Persönlichem Budget und einem Leben im Wohnheim, die in gewisser Weise unvereinbar sind, ungewiss. Gerade die Lebenssituation von Menschen mit kognitiver Beeinträchtigung im Sachleistungsprinzip hat gezeigt, wie stark die Selbstbestimmungsmöglichkeiten von den institutionellen Rahmenbedingungen und vom Betreuungspersonal abhängen. Bisher kann in der Praxis beobachtet werden, dass einige vollstationäre Einrichtungen zwar zunehmend ihre Freizeitangebote ausgestalten, um an Attraktivität zu

gewinnen, sich jedoch gleichzeitig auch dem Auf- uns Ausbau ambulanter und gemeindeintegrierter Wohnformen widmen.

Abbildungsverzeichnis

Abbildung 1: Das bio-psycho-soziale Modell von Behinderung der ICF............. 11

Abbildung 2: Duisburger Erklärung.. 37

Abbildung 3: Zur Lebenssituation von Menschen mit
  kognitiven Beeinträchtigungen... 40

Abbildung 4: Das sozialrechtliche Leistungsdreieck.................................... 48

Abbildung 5: Modell beim Persönlichen Budget.. 50

Tabellenverzeichnis

Tabelle 1:	Klassifikation der geistigen Behinderung nach ICD-10................	14
Tabelle 2:	Paradigmenwechsel...	29
Tabelle 3:	Statistik zur Eingliederungshilfe für Menschen mit Behinderungen...	57
Tabelle 4:	Sachleistungen und Geldleistungen.......................................	70
Tabelle 5:	Tagesablauf der Bewohner..	73
Tabelle 6:	Fünf Schritte bei der Auswahl und Organisation von Unterstützung..	76

Literaturverzeichnis

ARNTZ, M./SPEERMANN, A. (2004): Die internationale Diskussion. Nationale und internationale Konzepte in der Praxis, in: Klie, T./Speermann, A. (Hrsg.): Persönliche Budgets – Aufbruch oder Irrweg? Ein Werkbuch zu Budgets in der Pflege und für Menschen mit Behinderungen. (S. 15-40), Hannover.

BACH, H. (1997): Geistig Behinderte, in: Deutscher Verein für öffentliche und private Fürsorge (Hrsg.): Fachlexikon der sozialen Arbeit. (S. 378-379), 4. Aufl., Stuttgart, Berlin, Köln.

BAUDISCH, W. (2000): Selbstständigkeit und Selbstbestimmtheit als Zielgrößen gegenwärtiger Behindertenhilfe, in: Baudisch, W. (Hrsg.): Selbstbestimmt leben trotz schwerer Behinderungen? Schritte zur Annäherung an eine Vision. (S. 9- 35), Münster.

BAUDISCH, W./SCHULZE, M./WÜLLENWEBER, E. (2004): Einführung in die Rehabilitationspädagogik. Stuttgart, Berlin, Köln.

BÖHNKE, P. (1996): Am Rande der Gesellschaft. Risiken sozialer Ausgrenzung. Opladen.

BUNDESMINESTERIUM FÜR ARBEIT UND SOZIALES (2008a): Persönliches Budget, DVD. URL:www.bmas.de/coremedia/generator /22068/d722__persoenl __budget__dvd.html [Stand: 02.03.2008]

BUNDESMINESTERIUM FÜR ARBEIT UND SOZIALES (2008b): Das (trägerübergreifende) Persönliche Budget, in: Bundesministerium für Arbeit und Soziales (Hrsg.): Persönliches Budget, DVD, Bestell-Nr.: D 722.

BUNDESMINESTERIUM FÜR GESUNDHEIT UND SOZIALE SICHERUNG (2004): Ratgeber für behinderte Menschen. Bonn.

BUNDESVEREINIGUNG LEBENSHILFE (1996): „Ich weiß doch selbst, was ich will", Videofilm. Co-Produktion der Bundesvereinigung Lebenshilfe für Menschen mit geistiger Behinderung mit der Arbeitsgemeinschaft Behinderte in den Medien.

CONTY, M (2005): Perspektive der Einrichtungen, in: Bündnis 90/Die Grünen (Hrsg.): Einführung des Persönlichen Budgets, Veranstaltungsdokumentation, Fachgespräch. (S. 40-41), Berlin.

DREBLOW, F. (1999): Möglichkeiten und Grenzen der Selbstbestimmung im Wohnheim, in: Weinwurm-Krause, E.-M. (Hrsg.): Autonomie im Heim. Auswirkungen des Heimalltags auf die Selbstverwirklichung von Menschen mit Behinderung. (S.125-175), Heidelberg.

FERDANI, S. (2007): Persönliches Budget für Menschen mit geistiger Behinderung. URL:www.beb-ev.de/files/pdf/2007/dokus/pbudget/ag_01.pdf [Stand: 15.10.2007]

FINK, F. (2005): Selbstbestimmt Leben durch das Persönliche Budget?, in: Bündnis 90/Die Grünen (Hrsg.): Einführung des Persönlichen Budgets, Veranstaltungsdokumentation, Fachgespräch. (S. 9-10), Berlin.

FLAMMER, A. (1996): Adaption und Strukturgenese (Jean Piaget), in: Flammer, A. (Hrsg.): Entwicklungstheorien. (S. 113-138), 2. Aufl., Bern, Göttingen.

FORNEFELD, B. (1996): Selbstbestimmung von Menschen mit schwersten Behinderungen, in: Bundesvereinigung Lebenshilfe für Geistig Behinderte e.V. (Hrsg.): Selbstbestimmung. Kongressbeiträge. (S. 171-178), Marburg.

FRÖHLICH, A./MOHR, L. (o. J.): "Blick in die Zukunft: Die Einrichtung von Kompetenzzentren für Entwicklungsförderung und Lebensbegleitung bei kognitiver und schwerster Behinderung". URL: www.basale-stimulation.de /forschung/pdf/CL01.doc [Stand: 04.04.2008]

FRÜHAUF, T. (1996): Vorwort, in: Bundesvereinigung Lebenshilfe für Geistig Behinderte e.V. (Hrsg.): Selbstbestimmung. Kongressbeiträge. (S. 8-9), Marburg.

GALUSKE, M. (2005): Methoden der Sozialen Arbeit. Eine Einführung. 6. Aufl., Weinheim und München.

GOLL,H. (1998): Menschenbilder über „Geistig Behinderte", in: Goll, H. H./Goll, J. (Hrsg.): Selbstbestimmung und Integration als Lebensziel. Grundfragen, Grundlagen und Umsetzungsmöglichkeiten einer inklusiven, nicht sondernden Pädagogik für Menschen mit Behinderungen. (S. 32-60), Hammersbach.

GOTTSCHALLER, M. (2004): Selbstbestimmt leben mit Persönlicher Assistenz – Organisationsformen und Assistenzbeziehung, in: Klie, T./Speermann, A. (Hrsg.): Persönliche Budgets – Aufbruch oder Irrweg? Ein Werkbuch zu Budgets in der Pflege und für Menschen mit Behinderungen. (S. 350-388), Hannover.

HAEBERLIN, U. (2003): Das Menschenbild für die Heilpädagogik. 5. Aufl., Bern, Stuttgart, Wien.

HAHN, T.M. (1994): Selbstbestimmung im Leben auch für Menschen mit geistiger Behinderung, in: Geistige Behinderung, Nr. 2/1994, S. 81-94.

HANSEN, E. (2006): Soziale Leistungen zwischen Sparzwang und Nutzerorientierung, in: AHA e. V./Windisch, M.(Hrsg.): Persönliches Budget. Neue Form sozialer Leistung in der Behindertenhilfe und Pflege. Nuterorientierung oder Sparzwang?, (S. 15-29), 1. Aufl., Neu-Ulm.

KAAS, S. (2002): Persönliche Budgets für behinderte Menschen, Evaluation des Modellprojekt „Selbst bestimmen – Hilfe nach Maß für behinderte Menschen" in Rheinland Pfalz. Baden-Baden.

KALK, J. (2007): Das Persönliche Budget im Kontext der Arbeit in der Schule, in: Fachdienst der Lebenshilfe, Nr. 2/2007, S. 7-10.

KLAUß, T. (2005): Selbstbestimmung als sinnvolles Leitmotiv einer anwendungsorientierten Forschung für Menschen mit geistiger Behinderung – ein Paradigmenwechsel?. URL: www.10.phheidelberg.de/org/allgemein/fileadmin/user_upload/wp/klauss/S elbstbestimmung_und_Forschung_DIFGB_05.pdf [Stand: 12.01.2008]

LACHWITZ, K. (2005): Das Persönliche Budget im neuen SGB XII: Anforderungen an den Gesetzgeber, in: Bündnis 90/Die Grünen (Hrsg.): Einführung des Persönlichen Budgets, Veranstaltungsdokumentation, Fachgespräch. (S. 21-26), Berlin.

LÜTGENS, K.: Das Persönliche Budget in der Praxis, bdb aspekte, Heft 62/2006, S. 16-19.

METZLER, H. (2007): Ergebnisse aus der wissenschaftlichen Begleitforschung. URL: www.beb-ev.de/files/pdf/2007/dokus/pbudget/ref_metzler.pdf [Stand: 15.10.2007]

METZLER, H./WACKER, E. (2001): Behinderung, in: Otto, H.-U./Thiersch, H. (Hrsg.): Handbuch Sozialarbeit Sozialpädagogik. (S. 118-139), 2. Aufl., Neuwied, Kriftel.

MÜLLER-TEUSLER, S. (2000): Behinderung, in: Stimmer, F. (Hrsg.): Lexikon der Sozialpädagogik und der Sozialarbeit. (S. 74-76), 4. Aufl., München, Wien, Oldenbourg.

MUTZECK, W. (2000): Sonderpädagogik, in: Stimmer, F. (Hrsg.): Lexikon der Sozialpädagogik und der Sozialarbeit. (S. 606-610), 4. Aufl., München, Wien, Oldenbourg.

NUßBICKER R. (2007): „Ich bin jetzt Chef!" Die Idee des Persönlichen Budgets in einer stationären Einrichtung für Menschen mit Behinderung. Ein Praxisbericht. Bielefeld.

PÖLD-KRÄMER, S. (2004): Vom Antrag bis zur Auszahlung des trägerübergreifenden Persönlichen Budgets – Überlegungen und Fragen zum Budgetverfahren auf der Grundlage der Budgetverordnung und der Sozialgesetzbücher I, IX und X, in: Klie, T./Speermann, A. (Hrsg.): Persönliche Budgets – Aufbruch oder Irrweg? Ein Werkbuch zu Budgets in der Pflege und für Menschen mit Behinderungen. (S.184-205), Hannover.

PULS-HECKERSDORF, N. (2007): Die Rolle des Mitarbeiters/ der Mitarbeiterin im Persönlichen Budget. URL:www.beb-ev.de/files/pdf/2007/dokus/pbudget /ag_12.pdf [Stand: 15.10.2007]

RAICHLE, U. (2005): Recht auf Teilhabe, Sozialgesetzbuch IX – Persönliches Budget und Independent-Living, in: Jerg, J. (Hrsg.): Selbstbestimmung, Assistenz und Teilhabe. (S.123-140), Stuttgart.

RONGE, H.-G./SCHÄFER, G. (1997): Behinderte, in: Deutscher Verein für öffentliche und private Fürsorge (Hrsg.): Fachlexikon der sozialen Arbeit. (S. 114-115), 4. Aufl., Stuttgart, Berlin, Köln.

SCHUMACHER-GRUB, H. (2004): Erziehung und Bildung von Menschen mit geistiger Behinderung. Seminarunterlagen. Wintersemester 2004/2005.

SEIFERT, M./FORNEFELD, B./KOENIG, P. (2001): Zielperspektive Lebensqualität. Eine Studie zur Lebenssituation von Menschen mit schwerer Behinderung im Heim. Bielefeld.

SPECK, O. (1996): Autonomie als Selbstregulierung und Selbstbindung an moralische Werte, in: Bundesvereinigung Lebenshilfe für Geistig Behinderte e.V. (Hrsg.): Selbstbestimmung. Kongressbeiträge. (S. 15-21), Marburg.

SPECK, O. (1999): Menschen mit geistiger Behinderung und ihre Erziehung. Ein heilpädagogisches Lehrbuch. 9. Aufl., München, Basel.

THEUNISSEN, G./ PLAUTE, W. (1995): Empowerment und Heilpädagogik. Ein Lehrbuch. Freiburg im Breisgau.

THIMM, W. (1995): Das Normalisierungsprinzip – Eine Einführung. 6. Aufl., Marburg.

TRENDEL, M. (2007): Das Persönliche Budget: Erfahrungen aus Mittelfranken, in: Fachdienst der Lebenshilfe, Nr. 2/2007, S. 4-5.

WACKER, E. (2005a): Erste Erfahrungen mit Modellprojekten, in: Bündnis 90/Die Grünen (Hrsg.): Einführung des Persönlichen Budgets, Veranstaltungsdokumentation, Fachgespräch. (S. 16-19), Berlin.

WACKER, E./WANSING, G./SCHÄFERS, M. (2005b): Personenbezogene Unterstützung und Lebensqualität, Teilhabe mit einem Persönlichen Budget. Wiesbaden.

WANSING, G. (2006): Teilhabe an der Gesellschaft, Menschen mit Behinderung zwischen Inklusion und Exklusion. Wiesbaden.

WELTI, F. (2007): Rechtsfragen des Persönlichen Budgets nach § 17 SGB IX, Gutachten im Rahmen der wissenschaftlichen Begleitung der modellhaften Erprobung Persönlicher Budgets nach § 17 Abs. 6 SGB IX, in: Bundesministerium für Arbeit und Soziales (Hrsg.): Persönliches Budget, DVD, Bestell-Nr.: D 722.

WESTECKER, M. (2007): Die Rolle von Eltern, Angehörigen und gesetzlichen Betreuer / innen bei der Gewährung eines Persönlichen Budgets. URL: www.beb-ev.de/files/pdf/2007/dokus/pbudget/ag_11.pdf [Stand: 15.10.2007]

WINDISCH, M. (2006): Persönliches Budget als neue Form sozialer Leistungen – Einführung, in: AHA e. V./Windisch, M.(Hrsg.): Persönliches Budget. Neue Form sozialer Leistung in der Behindertenhilfe und Pflege. Nuterorientierung oder Sparzwang?, (S. 9-14), 1. Aufl., Neu-Ulm.

ZWISCHENBERICHT ZUM MODELLPROJEKT PerLe (2006): „Persönliches Budget mit geistig Behinderten geht nicht – und stationär schon gar nicht!?". Das Persönliche Budget im Wohnheim am Stadtring des Stiftungsbereichs Behindertenhilfe der v. Bodelschwinghschen Anstalten Bethel. URL: www.bebev.de/files/pdf/2006/sonstige/2006-01-12perle.pdf [Stand: 01.02.2007]

Internetseiten:

www.bmas.de/portal/16702/startseite.html
(Bundesministerium für Arbeit und Soziales, Stand: 15.03.2008)

www.destatis.de/jetspeed/portal/cms
(Statistisches Bundesamt, Stand: 01.04.2008)

www.isl-ev.de
(Interessenvertretung Selbstbestimmt Leben in Deutschland e. V., Stand: 03.03.2008)

www.lwl.org/LWL/Soziales/BAG
(Landschaftsverband Westfalen-Lippe, Bundesarbeitsgemeinschaft der überörtlichen Träger der Sozialhilfe, Stand: 15.03.2008)

www.people1.de
(Mensch zuerst – Netzwerk People First Deutschland e. V., Stand: 03.03.2008)

Anhang

Sequenz	Leitfragen und Inhalte	Mögliche Aktivitäten
Wunsch	- Wie lebe ich? - Was sind meine Vorlieben und Interessen? - In welchen Bereichen bekomme ich Hilfe und Unterstützung? Was kann ich alleine machen, was nicht? - Bei welchen Dingen kann ich selbst bestimmen, wer mir hilft und wann man mir hilft? Bei welchen Dingen kann ich das nicht bestimmen? - Womit bin ich zufrieden und womit unzufrieden? Was sollte sich im Wohnheim (bei meinen Unterstützungen) verändern? - Was sind meine Wünsche und Lebensziele? Was ist mir im Moment am wichtigsten?	- Die Kursteilnehmer / innen schreiben einen Steckbrief bzw. stellen ein >>Ich-Museum<< mit verschiedenen >Ausstellungsräumen<< (Lebenslauf, Vorlieben und Interessen, Wünsche und Ziele etc.) her und stellen dies den anderen vor. - Die Kursteilnehmer / innen tragen konkrete Veränderungswünsche und Ziele zusammen (Plakate oder Collagen als Wunschzettel), so dass Kleingruppen anhand verschiedener Kategorien gebildet werden können (z.b. Veränderungswünsche nach Lebensbereichen). - Fantasiereisen: >>Wie möchte ich in einem Jahr leben? << - Persönliche Zukunftsplanung (Vgl. DOOSE 1999)
Information	- Wie kann ich meine Wünsche erfüllen? - Wie kann ich meine Ziele erreichen? - Warum ist es wichtig, sich gut zu informieren? - Welche Wahlmöglichkeiten habe ich? - Wer bietet Hilfe und Unterstützung an? - Wen kann ich um Rat fragen? - Was ist gute / schlechte Beratung? Wem kann ich vertrauen? - Wie kann ich sicher gehen, dass ich wirklich selbst entscheide?	- In Kleingruppen stellt jede(r) einen vordringlichen Veränderungswunsch / das wichtigste Ziel das (bezogen auf die Lebenssituation und / oder das Hilfearrangement), die anderen Teilnehmer / innen geben Tipps und Lösungsmöglichkeiten, die dokumentiert werden (Evtl. können auch Informationsmaterialien verschiedener regionaler Anbieter und der Budgetassistenz in einfacher Sprache zur Verfügung gestellt werden.) Auf diese Weise entstehen Leistfäden, die Möglichkeiten zur Realisierung individueller Bedürfnisse der einzelnen Teilnehmer / innen aufzeigen. - In Rollenspielen (z.B. Budgetnehmer – Dienstleister oder Budgetnehmer – Budgetassistenz) können Unterschiede zwischen einer >>guten<< Beratung, die Selbstbestimmung ermöglicht, und >>schlechter Beratung<<, die manipulierend und fremdbestimmend wirkt, herausgestellt werden. - Erstellen von individuellen Kontaktbüchern: Wer bietet Hilfe an? Wer bietet Beratung an? Wer hilft mir in Krisenzeiten?

Entscheidung	- Welche Wahlmöglichkeiten / Lösung ist für mich am besten? - Was sind jeweils Vor- und Nachteile? - Welche Folgen kann meine Entscheidung haben? - Wer ist alles von meiner Entscheidung betroffen? - Muss ich jemanden vor meiner Entscheidung um Einverständnis fragen? - Wer kann mir bei meiner Entscheidung helfen? Wen kann ich um Rat bitten?	- In Kleingruppen werden für jeden Kursteilnehmer bezüglich der verschiedenen Wahlmöglichkeiten Pro- und Contralisten erstellt. - In Form von >>Zeitreisen<< (z.B. sechs Wochen / Monate nach meiner Entscheidung) werden Szenarien durchgespielt, welche die möglichen Folgen, Chancen und Risiken der Entscheidungen aufgreifen.
Rechte und Pflichten	- Welche Rechte und Pflichten habe ich als Kunde? - Was ist ein Vertrag? Was muss in einem Vertrag geregelt sein? - Was passiert, wenn sich jemand nicht an den geschlossenen Vertrag hält? - Wer kann mir beim Abschließen und Einhalten von Verträgen / Abmachungen helfen?	- In Rollenspielen (Kunde / Kundin kauft in einem Geschäft eine Ware; Bewohner / Bewohnerin kauft sich eine Unterstützungsleistung ein) werden Rechte und Pflichten eines Kunden / Nutzers und eines Anbieters (z. B. Einhalten von Absprachen, Pünktlichkeit), mögliche Vertragsinhalte (wie Leistungsdefinition und Bezahlung) sowie Folgen von Vertragsbruch (Verlust von Ansprüchen, Geld, Möglichkeit, sich beim Anbieter zu beschweren bzw. die Bezahlung des Assistenten zu verweigern) thematisiert.
Bewertung	- Wurden die Absprachen mit dem Anbieter / dem Mitarbeiter / dem Assistenten eingehalten? - Bin ich zufrieden mit der Hilfe? Muss ich etwas verändern? - Was kann ich tun, wenn ich unzufrieden bin? Bei wem kann ich mich beschweren? - Habe ich meine Wünsche erfüllt? Sind meine Ziele erreicht? - Habe ich Fehler gemacht? - Muss ich / soll ich mich für etwas anderes entscheiden?	- in Rollenspielen können verschiedene Bewertungssituationen (Zufriedenheit und Unzufriedenheit) nachgespielt und Handlungsnotwendigkeiten herausgestellt werden (z. B. Beschwerde). - Die Teilnehmer diskutieren, wie eine richtige Beschwerde zu machen ist.

Exemplarische Leitfragen und Aktivitäten als Grundlage eines Fortbildungskonzepts (Tabelle entnommen aus WACKER et al. 2005b, S.85 f.)

FORTBILDUNG PERSÖNLICHES BUDGET (Auszüge)

Fallbeispiel:

Dies ist Frau Müller. Sie lebt in einem Wohnheim für Menschen mit Behinderung.

FORTBILDUNG PERSÖNLICHES BUDGET (Auszüge)

Frau Müller ist Rollstuhlfahrerin. Deshalb braucht sie Unterstützung, um ins Bett zu gehen und aufzustehen, sich zu waschen und anzuziehen.

BILDUNG & BERATUNG BETHEL 2005

FORTBILDUNG PERSÖNLICHES BUDGET (Auszüge)

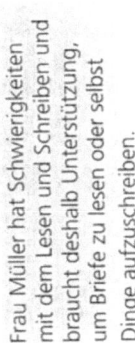

Frau Müller hat Schwierigkeiten mit dem Lesen und Schreiben und braucht deshalb Unterstützung, um Briefe zu lesen oder selbst Dinge aufzuschreiben.

Bethel

BILDUNG & BERATUNG BETHEL 2005©

FORTBILDUNG PERSÖNLICHES BUDGET (Auszüge)

Frau Müller geht gerne schwimmen. Sie braucht hierfür Begleitung, weil Sie den Weg nicht alleine schafft und weil sie jemanden braucht, der ihr beim An- und Ausziehen hilft.
Es ist auch immer gut, wenn jemand neben ihr schwimmt.
Außerdem macht Schwimmen zu zweit sowieso viel mehr Spaß.
Für das Schwimmen verabredet sich Frau Müller mit ihrer Bezugsmitarbeiterin des Wohnheims. Die kennt sich da am besten aus, sagt Frau Müller.

Bei drei Stunden Begleitung zum Schwimmen kostet das Frau Müller 75 Euro für die Mitarbeiterin.

Bethel

BILDUNG & BERATUNG BETHEL 2005®

FORTBILDUNG PERSÖNLICHES BUDGET (Auszüge)

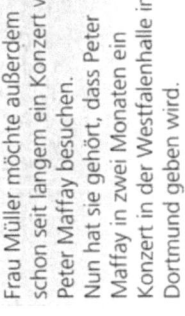

Frau Müller möchte außerdem schon seit langem ein Konzert von Peter Maffay besuchen.
Nun hat sie gehört, dass Peter Maffay in zwei Monaten ein Konzert in der Westfalenhalle in Dortmund geben wird.

Frau Müller entschließt sich:
Da will ich hin!
Dafür spart sie auch etwas vom Persönlichen Budget, denn so ein Konzert ist teuer und die Begleitung sowieso.

FORTBILDUNG PERSÖNLICHES BUDGET (Auszüge)

Frau Müller braucht während des Konzertes und bei der An- und Abreise Unterstützung. Sie ruft deshalb beim ambulanten Dienst „Jederzeit" an, mit dem sie schon früher gute Erfahrungen gemacht hat. Ihre Ansprechpartnerin bei „Jederzeit" ist Frau Silk. Die kann sich gut vorstellen, Frau Müller zum Konzert zu begleiten. Frau Müller muss aber für Frau Silk auch eine extra Eintrittskarte bestellen und bezahlen.
Bei „Jederzeit" kostet eine Stunde Begleitung 20 Euro.

Bethel

BILDUNG & BERATUNG BETHEL 2005®

47

FORTBILDUNG PERSÖNLICHES BUDGET (Auszüge)

Was kostet das alles zusammen?

Beratung und Vorbereitung:	75,– €
Zwei Eintrittskarten (eine für Frau Müller und eine für Frau Silk)	+ 100,– €
Acht Stunden Begleitung (durch Frau Silk, pro Stunde 20 Euro)	+ 160,– €
Fahrtkosten	+ 50,– €
Alles zusammen	= **385,– €**

Bethel

BILDUNG & BERATUNG BETHEL 2005®

FORTBILDUNG PERSÖNLICHES BUDGET (Auszüge)

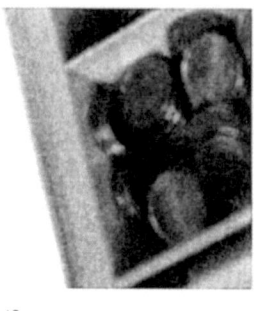

Um dieses Konzert besuchen zu können muss Frau Müller also lange sparen:
wenn nichts dazwischen kommt und sie jeden Monat 70,00 Euro vom Persönlichen Budget spart, dann hat sie nach 6 Monaten das Geld zusammen.

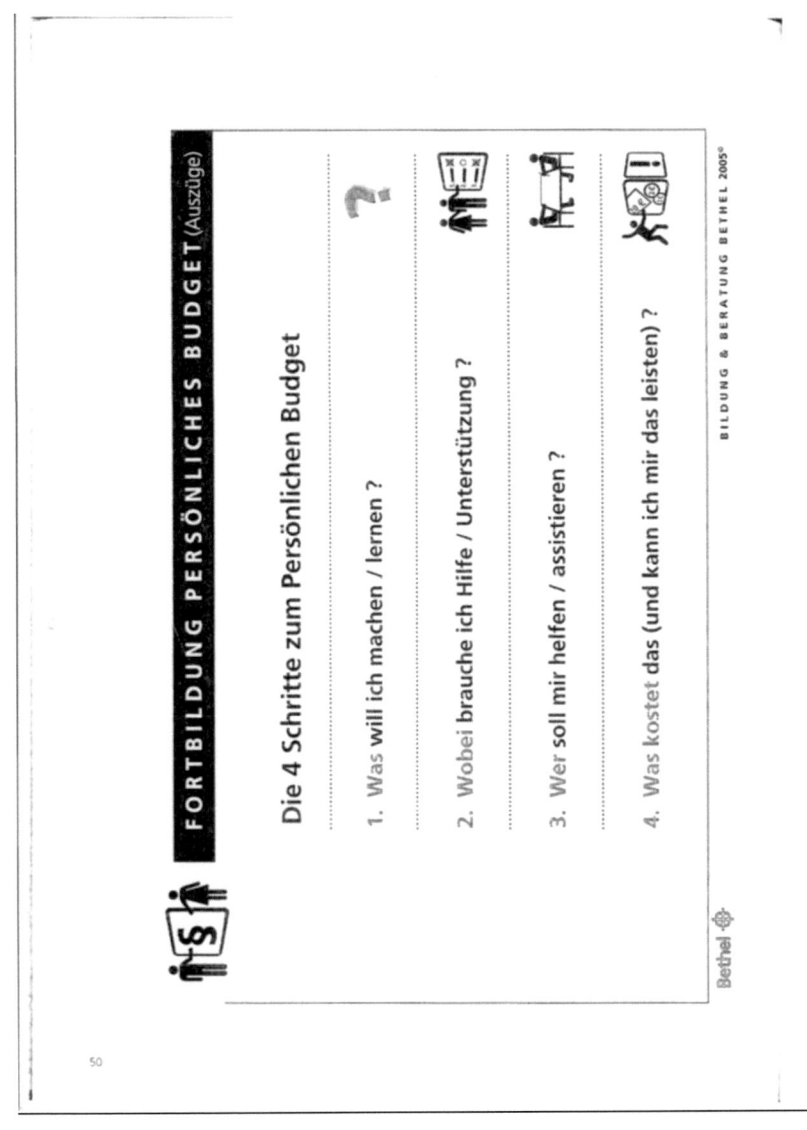

Auszüge aus den Fortbildungskonzepten der v. Bodelschwinghsche Anstalten Bethel (NUßBICKER 2007, S. 42-50)